三明学院学术著作出版基金资助出版

新时代大学生创新创业价值观研究

王家颖 • 著

厦门大学出版社
XIAMEN UNIVERSITY PRESS
国家一级出版社
全国百佳图书出版单位

图书在版编目（CIP）数据

新时代大学生创新创业价值观研究 / 王家颖著. -- 厦门：厦门大学出版社，2025.4. -- ISBN 978-7-5615-9667-8

I.G647.38

中国国家版本馆CIP数据核字第2025NF5067号

责任编辑　章木良
美术编辑　蒋卓群
技术编辑　朱　楷

出版发行　厦门大学出版社
社　　址　厦门市软件园二期望海路39号
邮政编码　361008
总　　机　0592-2181111　0592-2181406（传真）
营销中心　0592-2184458　0592-2181365
网　　址　http://www.xmupress.com
邮　　箱　xmup@xmupress.com
印　　刷　厦门市明亮彩印有限公司

开本　720 mm×1 020 mm　1/16
印张　13.25
字数　168 千字
版次　2025 年 4 月第 1 版
印次　2025 年 4 月第 1 次印刷
定价　58.00 元

本书如有印装质量问题请直接寄承印厂调换

厦门大学出版社
微信二维码

厦门大学出版社
微博二维码

前　言

　　党的十八大以来，中国特色社会主义进入新时代。在习近平新时代中国特色社会主义思想的科学指引下，我国经济社会发展取得历史性成就，发生历史性变革。党的二十大吹响了为全面建设社会主义现代化国家、全面推进中华民族伟大复兴而团结奋斗的时代号角。推进中国式现代化离不开"教育、科技、人才"三位一体的战略支撑，经济发展靠科技，科技创新靠人才，人才培养靠教育。2018年9月，习近平总书记在全国教育大会上强调，"以创造之教育培养创造之人才，以创造之人才造就创新之国家"。大学生群体富有丰富的想象力和创造力，是创新创业的生力军，也是社会主义现代化建设的后备力量。实施创新驱动发展战略，培养高素质创新型人才，要把创新创业教育贯穿于人才培养全过程，深化高校创新创业教育改革，厚植创新基因，激发创新活力。在创新创业教育中，大学生创新创业价值观的塑造是最为核心的内容。就个人而言，它深刻影响着大学生个人发展道路；就社会而言，它将极大地促进中华民族伟大复兴的实现。

　　在全球经济快速发展和技术创新不断涌现的背景下，新质生产力成为推动经济社会发展的关键力量。面对这一转变，大学生创新创业价值观培育作为培养未来创新人才的重要环节，也面临着诸多挑战。如何从马克思主义、习近平新时代中国特色社会主义思想、中华优秀传统文化等多个视角，引导大学生树立正确的创新创业价值取向，把实现个人价值与同国家、社会价值紧密联结在一起，探寻实业兴国、创新强国之路，为国担当、为国分忧，切实担负起实现中华民族伟大复兴的时代重任，成为新时代高校创新创业教育必须破解的重大时代课题。

培育和发展新质生产力，推动高质量发展，迫切需要大批有情怀、高素质的创新创业人才。受功利主义思想和社会环境的影响，当前部分大学生仍然存在功利性的创新创业价值观。将福建地域文化资源融入大学生创新创业价值观培育，在创造性转化、创新性发展中发挥福建地域文化对大学生创新创业价值观的引领功能，能够增强学生的身份认同感和文化自信，强化创新意识和社会责任感，提升竞争能力和道德品质，使大学生创新创业价值取向回归为民造福的人间正道。通过这一过程，大学生才能更好地适应国家战略发展需要，成为德智体美劳全面发展的社会主义建设者和接班人。

本书从大学生创新创业发展路径着眼，准确把握大学生创新创业价值观的科学内涵和理论来源，着力探讨大学生创新创业价值观的现实挑战和基本遵循。结合福建省独特的地域文化，本书探索大学生创新创业价值观培育的福建实践和经验，包括课程体系的重构、培育方式的创新、师资水平的提升和实践平台的建设等，并选取成功案例进行深入剖析，旨在发挥福建地域文化的价值引领功能，从不同维度探讨大学生创新创业价值观培育的有效策略，从中提炼出可复制、可推广的经验和模式，以期为新发展格局下构建具有地方特色、符合时代需求的大学生创新创业价值观培育模式提供方向指引和路径优化。

目 录

绪论 …………………………………………………………… 1

第一章　创新创业价值观概述 …………………………………… 10
第一节　创新创业价值观的相关概念 ……………………… 10
第二节　创新创业价值观的理论基础 ……………………… 25

第二章　大学生创新创业价值观的现实审视 …………………… 46
第一节　大学生创新创业价值观的现状分析 ……………… 46
第二节　大学生创新创业价值观的方向引领 ……………… 57

第三章　大学生创新创业价值观培育的基本遵循 ……………… 71
第一节　大学生创新创业价值观培育的主要内容 ………… 72
第二节　大学生创新创业价值观培育的基本原则 ………… 85
第三节　大学生创新创业价值观培育的方法变革 ………… 88

第四章　大学生创新创业价值观培育的福建探索 …………… 103

第一节　福建地域文化在大学生创新创业价值观

培育中的独特优势…………………………………… 105

第二节　福建大学生创新创业的价值遵循 ………………… 119

第三节　福建大学生创新创业的政策支持 ………………… 135

第四节　福建大学生创新创业价值观培育的策略………… 138

第五章　大学生创新创业价值观培育的基本经验………… 160

第一节　构建大学生创新创业价值观培育模式………… 163

第二节　大学生创新创业价值观培育成果借鉴………… 182

参考文献……………………………………………………… 189

后记…………………………………………………………… 202

绪 论

站在新的历史方位,加强大学生创新创业价值观培育,培养和造就大批有情怀、高素质的创新创业人才,是发展新质生产力、推进中国式现代化的迫切需要,也是彰显民族精神、增进社会文化认同的必然要求,更是培养大学生价值理性、重塑个体生活方式的有效载体,对于提升大学生综合素质、促进个人全面发展、推动社会进步、实现中华民族伟大复兴具有重要的现实意义。

一、满足培育发展新质生产力的迫切需要

党的二十大报告中强调,"教育、科技、人才是全面建设社会主义现代化国家的基础性、战略性支撑。必须坚持科技是第一生产力、人才是第一资源、创新是第一动力,深入实施科教兴国战略、人才强国战略、创新驱动发展战略,开辟发展新领域新赛道,不断塑造发展新动能新优势"[1]。大学生是祖国的未来,是建设中国式现代化的主力军。中国式现代化的宏伟蓝图也为新时代大学生创新创业价值观培育提供了

---

[1] 习近平.高举中国特色社会主义伟大旗帜 为全面建设社会主义现代化国家而团结奋斗:在中国共产党第二十次全国代表大会上的报告[M].北京:人民出版社,2022:33.

新的历史机遇，指明了发展方向。

"坚持创新在我国现代化建设全局中的核心地位。"①创新是一个国家兴旺发达和民族发展进步的不竭动力。唯创新者进，唯创新者强，唯创新者胜。为了完成"以中国式现代化全面推进中华民族伟大复兴"②的历史使命，必须牢牢抓住科技创新这一关键变量。2024年1月31日，习近平总书记在中共中央政治局第十一次集体学习时强调，"发展新质生产力是推动高质量发展的内在要求和重要着力点，必须继续做好创新这篇大文章，推动新质生产力加快发展"③。习近平总书记围绕新质生产力的重要论述，极大拓展了马克思主义生产力理论，为开辟发展新赛道、激活发展新动能提供了科学指引。新质生产力作为推动高质量发展的关键因素，其形成和发展对于实现中国式现代化具有重要意义。我们需要全面把握新质生产力的科学内涵、基本特征，深入探索其时代价值，并采取切实有效的战略举措，以加快新质生产力的形成，为高质量发展注入新动能。这不仅是理论上的要求，更是实践中的迫切需求，对于谱写中国式现代化新篇章具有深远影响。

新质生产力是顺应新一轮科技革命和产业变革潮流，以创新为引领和发展基点，以科技创新特别是颠覆性技术创新和前沿技术创新为核心驱动力，以融入新人才、新装备、新资本、大数据等新的生产力要素或

---

① 习近平.高举中国特色社会主义伟大旗帜　为全面建设社会主义现代化国家而团结奋斗：在中国共产党第二十次全国代表大会上的报告[M].北京：人民出版社，2022：35.

② 习近平.高举中国特色社会主义伟大旗帜　为全面建设社会主义现代化国家而团结奋斗：在中国共产党第二十次全国代表大会上的报告[M].北京：人民出版社，2022：21.

③ 习近平.习近平在中共中央政治局第十一次集体学习时强调　加快发展新质生产力扎实推进高质量发展[N].人民日报，2024-02-02(1).

绪 论

实现生产力要素品质属性的大幅跃升为依托，以优化生产力质态组合为支撑，以"五高四新"（高新科技、高新知识、高新人力资本、高效能、高质量，催生新产业、新业态、新模式、新服务）为表现形式，以生产力系统功能大幅升级特别是全要素生产率大幅提升为核心标志，体现高质量发展要求、代表先进生产力发展方向的新型生产力质态。① 新质生产力的特征体现在以下几个方面：一是数智化。 新质生产力依托于大数据、云计算、人工智能等先进科技，实现生产流程和经营决策的数据驱动，提升资源配置效率。 二是创新性。 创新是新质生产力的核心动力，不仅包括技术创新，还包括管理创新、商业模式创新等多方面的创新思维和实践。 三是融合性。 新质生产力倡导产业间的深度融合，通过跨界整合开拓新的市场空间和发展机遇。 四是可持续性。 环保和绿色发展成为新质生产力的内在要求，注重生态保护和资源的循环利用，实现经济效益与环境效益的双重提升。 五是人本性。 人才是新质生产力发展的首要资源，强调对人才的培育与发展，尤其是创新能力、学习能力和跨界协作能力的全面养成。

目前，我国正处于经济结构优化与转型升级的重要阶段，新质生产力的壮大对于推动产业结构升级、实现经济高质量发展具有不可或缺的重要作用。 可见，新质生产力已逐渐转变为推动经济社会发展的核心驱动力。 这种新型生产力的崛起与发展，使得对人才的需求亦发生了深刻变革。 我们进入了由数据驱动、网络协同所塑造的全新时代。 这一转变不仅颠覆了传统的生产与消费模式，而且给教育领域带来了前所

---

① 姜长云.新质生产力的内涵要义、发展要求和发展重点[J].西部论坛,2024(2):12.

未有的变革压力和发展空间。新质生产力以信息化、大数据、人工智能等技术为核心，强调创新、高效和协同，从而使得知识更新速度加快，技术创新周期缩短。新质生产力对人才的要求愈发多元化，要求人才具备更强的创新能力、跨界融合能力和团队协作能力。

在这一转变过程中，传统的创新创业教育模式已难以契合新质生产力对创新型、复合型人才的渴求。大学生作为国家未来发展的重要力量，其创新创业能力的培养和创新创业价值观的塑造自然成为高等教育不可或缺的重要部分。作为数字经济时代的产物，新质生产力不仅对产业升级和经济结构产生了深远影响，同时也给高等教育尤其是创新创业教育带来了新的挑战与要求。

深入探索在新质生产力的背景下，如何更有效地提升大学生的创新创业能力，重塑大学生的创新创业价值观，不仅具有深远的理论价值，更兼具迫切的实践意义。这不仅关系到个体的职业发展，更是关乎社会创新力量的汇聚和经济活力的激发。高校在大学生创新创业能力的培养方面，需要高度结合新质生产力发展方向，为未来的经济发展和社会进步注入新的活力。这一过程需要更新教育观念，将创新思维和技术技能的培养置于核心地位。同时，大学生创新创业价值观培育更需要与时俱进，调整教育内容和方式，以契合新质生产力培养的目标，注重培养学生的创新思维、跨界视野和团队协作能力。大学生创新创业价值观培育必须在内容和形式上进行深刻的变革，以适应新质生产力对人才的需求。

在内容上，大学生创新创业价值观培育应关注创新创业精神和社会主义核心价值观的培养。教育内容体系的重构迫在眉睫，高校通过融入更多与时俱进的元素，例如引入前沿科技、商业模式和成功案例，激发学生的学习兴趣和创业热情,培养他们的创新思维和创业精神。 同时,需要加强跨学科知识融合,使学生具备跨学科的知识结构和综合能力,提升学生在多领域的融合能力,为创新提供更多的可能性。

在形式上,传统的课堂教学已无法满足新质生产力人才的培养需求,高校需要采用更加灵活多样的教学方式,如以项目促学、实践创新、团队协作等产教融合的创新模式,让学生在实践中学习、在合作中成长。 同时,借助互联网、大数据等技术手段,拓展教学时空,构建线上线下有机融合的教学平台,一体化推进"有形"和"无形"供给,让学生获得更加丰富的学习资源和更好的学习体验。

不可否认的是,科技的发展也为创新创业教育注入了新的活力。例如,学校采用大数据分析和人工智能等先进技术,能够更为精确地识别和培养具有创新创业潜能的学生。 借助科技人才数据底座优势,精准开展学情分析和教学质量评估,不仅可以为教育发展决策提供科学依据,还可以为新质人才的培育提供精准的数据支持,有效激发数据在人才资源配置中的优势。

因此,面对新质生产力的挑战与机遇,大学生创新创业价值观培育必须紧跟时代步伐,结合新质生产力的特点,深化教育改革,不断提升教育质量和教育水平,实现培育模式的根本革新。 只有这样,才能为学生提供更为丰富、更具前瞻性的知识体系,激发他们的创新创业激情,培养出适应新时代需求的高素质创新型人才,为我国的创新创业事业注入新的活力和动力。

二、为大学生提供符合当下需求的指导

随着经济的发展,在 20 世纪 70 年代中后期,后物质主义价值观在

西方兴起。物质主义价值观将物质因素置于首位，而后物质主义价值观则更为看中非物质因素，注重提升生活质量、实现个人潜能和保障公民自由。这种价值观的转变为社会进步和个人全面发展提供了有力的价值支撑。简而言之，物质主义主要关注的是经济和人身安全，后物质主义则聚焦于个体的自主性和自我表现。

有研究发现，当前我国人民大众的价值观，普遍产生了从物质主义向后物质主义价值观转变的趋势，青年一代表现出更明显的后物质主义价值倾向。① 在此背景下，大学生创业的初心、态度和行动也发生了明显的转变，他们从不敢行动到主动探索，从犹豫不决到创业自觉，从停滞不前到积极主动，从陷入迷茫到路径清晰。在这个过程中，关于价值理性和理性价值的信仰亦进行了重组构建，学生们普遍希望得到更全面而非工具性、功利性的创新创业教育。因此，将创新创业价值观培育融入更广泛的知识教育中势在必行。

当下，创业还是一种全新的价值导向、生活方式和时代气息②，而不仅仅是一种谋生的手段或是一种经营的模式。这就要求我们对大学生创新创业教育进行相应的调整，创新创业教育带来的效果绝非缓解就业压力这么简单、直接、短暂，而是着力培养具有开创性的个人，培养首创精神、冒险精神、独立精神，在全社会形成一种追求进步的氛围，是对育人树人的改革和发展。一旦青年一代的精气神发生了变化，育人兴国就有了长期的保证。

---

① 林红.斜杠青年的个体发展路径分析[J].青年研究,2022(4):46.
② 齐芳.为大众创业万众创新搭好科技平台：全国政协副主席、致公党中央主席、科技部部长万钢答记者问[N].光明日报,2015-03-12(3).

三、培养学生对创新创业的持久向往和态度

众所周知,创新创业价值观培育的缺失将会导致创新创业教育过于片面强调工具理性、成功率和现实回报。目前,有效掌握创业所需的知识和技能,同时获得来自周围人群、社会机构与团体更多的支持,仍然是大学生开展创业活动的首要愿望。然而,如果个体为物质依赖所奴役,创业则将沦为一种谋生手段,并且在创业过程中遇到风险和不确定因素时,大学生的创业愿景和目标亦容易随之动摇和模糊,甚至在创业中拥有一定的物质财富之后,会丧失自己作为自然人和社会人的本质,陷入"无根"的状态。

教育不仅要面向社会满足当下的需求,更要关注未来的价值走向,推动学生在前人的基础上超越和发展。创新创业价值观培育,不仅引导学生在创新创业过程中满足物质欲望等世俗需求,还从完整生命的角度指引审视创业的价值,追求更高层次的生命意义。

创新创业价值观培育不仅是唤醒创新创业意识、培养道德准则的手段,还是重构价值理性精神、重塑个体生活方式的载体。高校要引导学生深入理解创新创业的价值和意义,使学生在今后的生活和工作中不断发掘身边的创业机会和自身的创业潜力,拥有敢于承担风险的勇气和毅力,并始终保持创新创业的热情和昂扬奋进的精神状态。

因此,创新创业价值观培育在教学中更深入地关注价值理性,而不仅仅是传授知识或道德。创新创业价值观培育的关键并非仅仅将学生个体短期的特定创业需求转变为长期普适的价值需求,更在于培养学生对创新创业的持久向往和态度,协助学生将创新创业行为从一时一地的冲动转变为持久稳定的生活方式。

四、彰显民族精神并推动社会文化认同

创新创业价值观培育体现了民族性、历史性和思想性的特点。它是培育人文素养、培养价值思维、延续民族智慧和文化精髓的传承与演进的重要平台。因此，创新创业价值观培育的本质和存在与其基本理念密不可分。

作为一个拥有悠久历史和灿烂文化的国家，中国的民族精神蕴含着独特的情感和智慧，是中华民族赖以生存和发展的精神支柱。习近平总书记指出，"中国人民在长期奋斗中培育、继承、发展起来的伟大民族精神，为中国发展和人类文明进步提供了强大精神动力"[①]。在时代的长河中，大学生创新创业价值观正如一面镜子，映照着社会的脉络和民族的精神。在这个充满机遇与挑战的时代背景下，大学生的创新创业价值观愈发彰显民族精神。这种民族精神的彰显不仅体现在他们的创新创业行为中，更体现在他们的价值观和信仰中，凝聚着他们对国家和民族的深厚情感。大学生创业者们在追求自我价值的同时，也不忘弘扬中华民族的传统美德，用自己的产品讲述中国故事。

传统文化不仅是珍贵的历史遗产，也是我国当代创业文化的源头。我们应该批判性继承中国传统文化，发扬包括坚韧不拔的奋斗精神、仁义道德的价值取向、爱国爱民的奉献精神、不断追求创新的精神、兴业富国的创业动力等在内的优良传统，磨炼大学生的意志品质，提高他们的能力素质。

---

① 习近平.在第十三届全国人民代表大会第一次会议上的讲话[N].人民日报，2018-03-21(2).

绪 论

如果没有一个具有凝聚力的信仰体系，那么构建全面、深刻和持久的文化认同就会面临巨大的挑战。创新创业价值观培育的目的，是要培养当代青年对创业文化的认同，使他们自觉自愿地参与到创业文化的构建当中。在这个过程中，我们不仅要传承中华民族特有的文化基因，还要包容和理解其他先进文化，描绘出一张多元化、充满创业精神的创业文化发展蓝图，促进大学生形成自己的创新、创业、创造精神，推动我国创业文化向前繁荣发展。

新时代，创新创业已经不再是少数人的专属领域，而是一种普遍的选择和生活方式。大学生们面临着更广阔的创新创业平台、更多元的创新创业途径，他们的创新创业价值观也呈现出新的特点和内涵。时代的内涵在于不断创新和变革，大学生们在创新创业中表现出的价值观也更加注重创新、开放、包容，与时代步伐相契合。创新创业价值观培育，为培养有社会责任感、民族自豪感的创新创业力量提供了思想引领和精神支持。因此，应把具有悠久历史与深厚底蕴的民族精神作为大学生创新创业价值观培育的重要组成部分，厚植创新创业价值观培育的历史底蕴，充实创新创业价值观培育的深刻意蕴。[①]

---

① 王敏,王滨.遮蔽与解蔽:突破大学生创业价值观的教育困境[J].重庆科技学院学报(社会科学版),2019(3):109.

第一章 创新创业价值观概述

探讨新时代大学生创新创业价值观问题,首先要厘清其中所涉及的相关概念和理论基础,这是有效把握新时代大学生创新创业价值观问题的基本前提。

第一节 创新创业价值观的相关概念

一、创新创业、价值观

在本书的创作中,厘清研究主题的概念是不可或缺的一部分。本书的主题主要由三个核心词语构成,分别是"创新""创业""价值观"。

(一)创新创业

1.创新

创新,在《辞海》中解释为"创,始造之也","新,初次出现的"。创新,即破旧立新,只有打破旧事物,方可创出新事物。

创新在英文中为"innovation",其意有革新(innovate)、更新

第一章 创新创业价值观概述

(update)、创造(create)、改变(change)等,中英文含义相近。

人们从不同学科视角对创新概念进行界定,可以说是众说纷纭,见仁见智。哲学上,创新是一种人的创造性实践行为,人类通过对物质世界的利用和再创造,制造新的矛盾关系,形成新的物质形态。社会学上,创新是指人们为了发展需要,运用已知的信息和条件,突破常规,发现或产生某种新颖、独特的有价值的新事物、新思想的活动。经济学上,美籍经济学家熊彼特(Joseph Schumpeter)认为,创新的概念包含的范围很广,它既可以是以技术为内涵的创新,如产品创新、市场创新、管理创新,也可以是非技术内涵的创新,如制度创新、政策创新、组织创新、文化创新、观念创新等。

简而言之,创新就是创造新的事物。这里的"新事物",包括新产品、新技术、新思想、新方法、新的教育方法、新的管理模式、新的用人机制、新的经济体制等,涵盖了所有有形事物、无形事物,物质文明成果、精神文明成果。①

2.创业

在学术范畴中,创业可被划分为狭义和广义两方面。狭义的创业往往被界定为创立企业的行为,其着眼点在于发现和捕获机会,由此创造新颖的产品或服务,实现潜在价值的过程。而广义的创业内涵更为广泛,就是指全民创业,主要体现在:在创业主体上,包括社会上各个阶层的人;在创业形式上,包括所有创业主体在各个领域、各行各业所

---

① 和学新,张利钧.关于创新及创新人才标准的探讨[J].上海教育科研,2007(11):12.

从事的各种创造性劳动；在创业价值上，不仅包括经济价值还包括社会价值。①

"创业"一词内涵丰富，它隐含了创业的初始阶段所面临的艰辛和困难，强调在前人基础上取得新的成就和贡献，提倡在创业过程中所付出的努力和坚持不懈的精神，并聚焦于开拓的过程和创新的意义。

创业的精髓在于超越传统的价值创造方法，强调创造新价值。它涉及个人重新组合现有资源，但不是复制现有流程；它强调识别新的增长机会并将其用于创业追求，以创造新价值的过程。这种方法与追求个人和社会发展相一致，个体通过创业这一过程在创造经济价值的同时还能够实现自我价值和社会价值。

从不同角度看待创业，我们便能全面理解创业这一概念丰富的内涵和外延。就整合资源而言，创业是个体创新性地整合手中资源，去追求无限可能的过程。就获取机会而言，创业是主体面对未知的市场前景，洞察和抓住机遇的过程。就创新活动而言，创业是创新的体现和延伸，创业本质上就是人们的一种创新性实践活动。就哲学意义而言，创业是开拓性思维及其关联的行为模式衍生出的一种创造性生活观与人生观。创业不仅仅是一种特殊的职业选择，更是一种人生价值的实现方式。

可见，虽然创业与创新概念不同，但是二者关系密切，是一对"孪生兄弟"。创业是创新的载体，创新是创业的动力。从创业与经济学的角度来看，创新的目的是支持企业能生产出消费者愿意购买的商品，

---

① 张学礼,李景元,耿建明.廊坊市域经济与产业集群延伸研究:廊坊市应用经济学会第二届年会征文选编[M].北京:中国经济出版社,2008:365.

如果离开了创业这个载体,创新的成果就是闭门造车,落得个被束之高阁的结果。科学技术、思想观念的创新促进生产力发展和生产关系变革,引发新的生产生活方式,这是创业活动的根本动因。创业可以推动新产品、新服务的不断涌现,不断满足人民群众个性化、多样化、品质化的消费需求,从而进一步推动和深化各方面的创新,提高整个国家的创新能力。

总之,创新创业是基于创新基础之上的创业活动,既强调创新的基础性,亦强调创业的目的性。创新创业并非局限于创办某个特定企业的一次性行为,而是拥有事业心和开拓能力,以创新精神和创业意识不断开创新事业的过程。

（二）价值观

20 世纪 30 年代中期,人类已经开始了对价值观的探索研究。德国哲学家斯普兰格（E. Spranger）在《人的类型》一书中提出了 6 种价值观,包括经济、宗教、艺术、政治、社会和理论价值观。这些关键词揭示了人类在社会互动中的多样性。到了 20 世纪 50 年代,美国人类学家克拉克洪（C. Kluckhohn）首次对价值观进行了定义：价值观是个人或群体的一种特征,表现为外显或内隐的看法,即认为什么是"值得的"。此后,不同时期的学者又从多个角度对上述价值观的概念进行了不断丰富和深化。例如,20 世纪 70 年代,学者更强调价值观的动机功能。20 世纪 80 年代,以以色列社会心理学家谢洛姆·施瓦茨（Shalom H. Schwartz）为代表的研究者从需要和动机出发来解释价值观的深层内涵,试图在此基础上构建一个具有普遍文化适应性的价值观的心理结构,认为价值观在个人生活中或其他社会存在中发挥着指导原则的作用。①

价值观是一种主观的意识形态,是主体处理自身与社会各方面之间的价值关系时所采取的基本立场和观点,源于人的主观需要。价值观受到个体所处的时代背景和社会环境的影响,随着学习经历、生活阅历的变化而变化。不同社会群体的人甚至可能持有截然相反的价值观。在同一个社会群体中,个体在价值观上可能表现出某些相似之处,但在这些相似之处中也会有细微差别。

价值观通常包括价值目标、价值选择和价值评价等方面。价值目标引导着主体价值追求活动的方向和过程,既决定了主体价值追求的目的,也为主体提供源源不断的内驱力。价值选择产生于价值评价,支配着主体的思想和行为。在价值关系中,必然存在价值主体对客体的价值评价,所谓价值评价,"就是主体对于客体于人的意义的一种观念性掌握,是主体关于客体有无价值及价值大小所作的判断"②。

价值观的形成有赖于社会实践活动。马克思说:"全部社会生活在本质上是实践的。"③根据马克思主义哲学,主体与客体的价值关系是在人类认识世界、改造世界的实践活动中形成和实现的。只有在实践活动中,人们才能对某一事物的功能属性和价值追求形成特定的认识,才能由肤浅的概念认识逐步发展成深层次的思想意识,从而真正地去判断和评价客体是否满足了主体的需要。

价值观与世界观、人生观错综复杂地交织在一起。世界观指人对世界的总体看法和观点,是人生观、价值观的基础。人生观是世界观

---

① 李潇君.美国社会科课程中的价值观教育研究[M].北京:商务印书馆,2021:4.
② 袁贵仁.价值学引论[M].北京:北京师范大学出版社,1991:207.
③ 马克思,恩格斯.马克思恩格斯选集:第1卷[M].北京:人民出版社,2012:135.

第一章 创新创业价值观概述

在对待人生价值问题上的应用,而价值观则是人生观的核心问题。价值观对人们认识世界和改造世界的活动具有重要的导向作用,也为人生观的形成提供了基本的方向指引。总而言之,价值观与主体的世界观、人生观相互补充,相互渗透,紧密联系,共同构建了个体的精神世界,深刻影响着人们的价值判断和行为选择。

二、创新创业价值观

(一)创新创业价值观的演变

创新创业价值观并非源于西方,也并非现代社会的产物。在中国传统文化思想发展的长河中,早已出现种种与创造有关的价值理念。只是由于中国封建时代保守僵化的生产关系和有限的生产力,这些价值观并未得到广泛践行,在创新创业活动中的代表性仍然不足。

然而,中国传统哲学思想与当代创新创业理念在思想和精神上的相似性却为中国民众提供了强大的心理支持。这些精神可以帮助人们更好地适应未来的创新创业环境,并激发人们的创新思维和创业精神。因此,这些精神对于人们未来参与创新创业活动、创造创业文化具有重要的积极意义。

例如,中国唯物主义哲学家荀子强调了人类主体的积极精神和能动性。他在经典之作《天论》中以奔腾的骏马为喻,为我们揭示了人类对于天命、天时的独特理解和运用:"大天而思之,孰与物畜而制之! 从天而颂之,孰与制天命而用之! 望时而待之,孰与应时而使之! 因物而多之,孰与骋能而化之! 思物而物之,孰与理物而勿失之也!"荀子信奉改造自然、造福人类的理念,这与开拓性人格、创造性生活方式、独特行为模式等创新创业价值观的精髓不谋而合。又如《礼记·大学》记载，汤之盘铭曰："苟日新，日日新，又日新。"《诗经·大雅·文王》曰："文王在上，于昭于天。周虽旧邦，其命维新。"这些都蕴含着革故鼎新、与时俱进的思想智慧。

中国创新创业价值观的形成始于新中国成立以后。新中国成立初期，百废待兴，百业待举，党和人民在如此艰难的条件下，面临着从零开始社会主义改造的艰巨任务，该时期的创业关乎开创社会主义新事业。改革开放时期，创业体现了培育"中国特色社会主义"的实践，体现为解放和发展生产力，渗透到生活的各个领域。而后，在就业压力增加和国家创新创业教育大发展的语境下，大学生群体的创新创业热情围绕着解决就业问题的工具理性方面增长，创业通常被认为是解决就业和创造就业岗位的途径。如今，在实施创新驱动发展战略、发展新质生产力的新时代背景下，创新创业的个体性需求与社会性需求同时激增，人们开始从终极价值的维度思考创新创业。至此，创新创业价值观从工具理性转变为价值理性，从单纯的经济本质发展为生活方式的转变和人生意义的探索。中国的创新创业价值观从萌芽到成熟共经历了四个阶段。

新中国的成立标志着少数剥削者统治广大劳动人民历史的终结，中国迈进历史的新纪元。政治与经济的重大变革促使人们重新评估社会价值观，而创新创业价值观的内涵与开创社会主义事业交织在一起。这一时期的创新创业价值观以"开创社会主义事业"为中心，将"把我国建设成为一个社会主义的现代化的强国"[1]作为中国人民共同的价值

---

[1] 中共中央文献研究室.毛泽东文集:第8卷[M].北京:人民出版社,1999:341.

追求,以国家的政治需求作为人们价值选择的重要取向。 这种创新创业价值观迅速在国内传播并获得广泛认同。

为了摆脱社会生产的落后状况,党的十一届三中全会将经济建设作为日后长期的工作重点。 随着中国农村实施的家庭联产承包责任制、国有企业被赋予更大的经营管理自主权和个体经济的合法化等一系列政策的陆续出台,中国正式拉开了建设社会主义市场经济体制的帷幕。创业主体抱着开放的心态,实事求是地分析问题,积极投身创新创业活动。 无论是在原有的工作岗位上推进改革,还是到新兴的民营企业中去抢占商机,他们都展现了勇于探索、勇于创新、勇于奋斗的创业精神。 这一时期的创新创业价值观以"建设有中国特色的社会主义"为中心,强调自力更生,艰苦创业,并将"把我国建设成为富强民主文明的社会主义现代化国家"作为中国人民共同的价值追求。 这种创新创业价值观已成为国家文化,进入中国主导的精神之中。

1998 年 10 月,联合国教科文组织在首届世界高等教育大会上发表了《21 世纪的高等教育:展望与行动世界宣言》,明确指出"毕业生将愈来愈不再仅仅是求职者,而首先应成为工作岗位的创造者"① 。 人们对创新创业的理解已从国家建设的宏观层面,回归到了个体日常劳动的微观层面。 这一时期的创新创业价值观以"成为工作岗位的创造者"为中心,将通过创新创业实现创造性就业以提升就业层次与就业质量作为社会成员的价值追求,强调个体的社会责任感、创新精神、创业意识和创业能力。 创新创业价值观不再仅仅关注社会层面的政治需要

---

① 赵中建.全球教育发展的研究热点:90 年代来自联合国教科文组织的报告[M].北京:教育科学出版社,2003:409.

和经济需要,还关注通过创新创业解决自身生产生活中遇到的现实问题并满足个体职业发展的需要。这种创新创业价值观的转变引发了国家与民众对于创新创业教育的极大关注,创新创业教育逐步发展为面向全体学生、结合专业教育、融入人才培养全过程的全新教育体系。

创新驱动发展战略的实施和新质生产力的发展促使国家对于创新创业的社会性需求显著增加,而人们自主创业意识和能力的增强也使得社会成员对于创新创业的个体性需要明显增长,人们开始从目的价值的角度思考创新创业的终极意义。这一时期的创新创价值观以"培育创新创业文化"为中心,着重培育尊重知识、崇尚创造、追求卓越的创新创业文化,激发全民创新创造活力,利用民众的智慧和勤奋为经济发展注入强劲动力。它强调把个人追求与国家发展紧密结合,在创造财富的过程中实现精神追求与自身价值。当代创新创业价值观正在逐步发展成为一种新兴的文化理念,在满足个体自我实现的内在需求的同时,推动社会的进步与发展。

(二)创新创业教育的发展

1989年末,联合国教科文组织在北京召开"面向21世纪教育国际研讨会",首次提出了"学习者的第三本护照",即"创业教育"这一新的教育概念。[①] 2002年,教育部高等教育司在北京召开的普通高校创业教育试点工作座谈会上提出,对大学生进行创业教育,培养具有创新精神和创造、创业能力的高素质人才是当前高等学校的重要任务。此

---

① 毛鹏飞,余少军,余金保.扬帆起航:大学生就业指导[M].上海:上海交通大学出版社,2022:212.

后，国内学者展开了关于创新创业教育内涵与外延概念的广泛探讨：一种观点认为创新创业教育就是"教会学生经商，能创办企业的教育"；另一种观点认为创新创业教育是指以培养具有创业基本素质和开创性个性的人才为目标的教育，是在普通教育和职业教育基础上进行的，采取渗透和结合的方式在普通教育和职业教育领域实施的，具有独立的教育体系、功能和地位的教育。遵循第二种观点，创新创业教育是指把创新意识引入创业教育中，是一种激发大学生创业意识和潜能的方法论教育。①

广义的创新创业教育注重培养创新型人才，旨在培养学生创新创造的能力、承担风险的能力和独立运作的能力。狭义的创新创业教育注重以收入为导向的培训，旨在提高学生的就业能力和收入水平。创新创业教育并不仅仅是如何创办企业的教育，还包括三个关键维度：创新创业理论维度、创新创业实践维度和创新创业精神维度。其中，创新创业精神是创业主体的根本动力，创新创业理论是前提，创新创业实践是基础。创新创业教育价值体系强调的是这三者之间的互联互补。

我国创新创业教育起步较晚，导致出现一个普遍现象，即大学生仅仅是依赖自身的热情和经验去创业，虽然创业机会多，但创业能力弱。在大学生创业的征途上，由于他们自身经验的欠缺和创业技能的不足，当面临诸多不可预见的困境和不可避免的挫折时，其应对能力显得较为薄弱。这种情况往往导致创业进程受挫，甚至创业失败，或者"走弯路"，从而推迟了创业目标的实现。此外，在创新创业教育初期，社会

---

① 龚敏,傅成华.理工院校教育教学改革与实践[M].成都:西南交通大学出版社,2011:98.

环境资源有限，一方面表现为社会上尚未形成通过创业促进国家经济发展的共识，另一方面表现为相关的创业体制和机制存在诸多不足和待完善之处。在这样的背景下，大学生本身在创业技能方面尚未成熟，在调和价值观冲突上也缺乏经验。在创新创业过程中，他们可能会遇到创业行为与现行制度、文化和规范不相符的问题，并在遇到价值观冲突时难以作出正确选择。

随着高等学校招生规模的不断扩大，毕业生就业压力日益加剧。面对这种挑战，高等学校最需要的是转变教育思想，改革人才培养模式，树立以人为本、全面发展的现代教育思想和理念。这不仅仅是为了提高整个国家人口群体的综合素质，而且期望通过培养更多的创新型人才来与社会进步保持一致。因此，创新创业教育是推进人才培养模式与改革的新需要。

2010年，教育部颁布《关于大力推进高等学校创新创业教育和大学生自主创业工作的意见》。[1] 该文件明确了创新创业教育的价值定位是"适应经济社会和国家发展战略需要而产生的一种教育理念与模式"，并高瞻远瞩地提出几点关键意见：一是创新创业教育应面向全体学生，二是与专业课程教育相结合，三是学校要出台促进在校学生自主创业的政策和措施。文件还进一步指出，创新创业教育"以提升学生的社会责任感、创新精神、创业意识和创业能力为核心"，在人才培养目标上除了能力要求外还增加了价值层面的要求。2015年，国务院办

---

[1] 教育部.关于大力推进高等学校创新创业教育和大学生自主创业工作的意见[EB/OL].（2010-05-13）[2024-05-04]. http://www.moe.gov.cn/srcsite/A08/s5672/201005/t20100513_120174.html.

第一章 创新创业价值观概述

公厅进一步发布了《关于深化高等学校创新创业教育改革的实施意见》[1]，从"国家实施创新驱动发展战略、促进经济提质增效升级"和"推进高等教育综合改革、促进高校毕业生更高质量创业就业"的高度将创新创业教育正式纳入国家教育发展战略，步入"大众创业、万众创新"发展阶段。该文件指出，"加快培养规模宏大、富有创新精神、勇于投身实践的创新创业人才队伍"，反映了国家对高素质创新人才的迫切需求。2018年，国务院印发《关于推动创新创业高质量发展 打造"双创"升级版的意见》[2]，提出"以习近平新时代中国特色社会主义思想为指导……通过打造'双创'升级版，进一步优化创新创业环境……为加快培育发展新动能、实现更充分就业和经济高质量发展提供坚实保障"，成为指导"双创"概念落实、鼓励高校探索适应新时代需求的创新创业教育的纲领性文件。2021年，国务院办公厅印发《关于进一步支持大学生创新创业的指导意见》[3]，提出"健全课堂教学、自主学习、结合实践、指导帮扶、文化引领融为一体的高校创新创业教育体系，增强大学生的创新精神、创业意识和创新创业能力。建立以创新创业为导向的新型人才培养模式"，有效促进了大学生创新创业，也进一步推动了大学生创新创业价值观的培育。

---

[1] 国务院办公厅.关于深化高等学校创新创业教育改革的实施意见[EB/OL].（2015-05-13）[2024-05-04］. https://www.gov.cn/zhengce/zhengceku/2015-05/13/content_9740.htm.

[2] 国务院.关于推动创新创业高质量发展 打造"双创"升级版的意见[EB/OL].（2018-09-26）[2024-05-04］. https://www.gov.cn/zhengce/zhengceku/2018-09/26/content_5325472.htm.

[3] 国务院办公厅.关于进一步支持大学生创新创业的指导意见[EB/OL].（2021-10-12）[2024-07-15］. https://www.gov.cn/zhengce/zhengceku/2021-10/12/content_5642037.htm.

在国家政策的引导和推动下，我国创新创业教育蓬勃发展，已经构建了一个多元化、协同共进的发展格局，学校与政府、社会、市场形成了良性合作关系。这一格局的形成，不仅推动了创新创业教育的深入发展，也为我国的创新创业生态注入了强大的动力。政府通过制定相关政策、设立创业基金、设置创业大赛、优化创业环境等方式，为创业者提供了有力的支持。企业提供了大量的实习机会和创业指导，帮助学生在实践中学习和成长。媒体通过采访报道大学生创业的经验和成功案例，进一步宣传推广大学生创业活动，从另一个角度激发更多学生的创业梦想。高校设立了创业学院或创业中心，教授专业知识，并与市场主体密切联系，为学生提供创业课程和实践机会。这些外部条件的支撑不仅激发了大学生的创业热情，也进一步推动了创新创业教育的快速发展。

高校应该为大学生创新创业提供良好的服务，在提升其基本素养的同时，帮助他们树立与现代市场经济相适应的积极就业创业观，培养有胆识、有眼光、有组织能力和社会责任感的新时代大学生，增强他们的生存、竞争和创新创业能力。创新创业教育能够让大学生更加深刻地了解创新创业对于实现自我价值、推动社会进步的重要意义。

目前，在高等教育改革发展中，专业教育、通识教育和创新创业教育逐渐融合。专业教育注重培养学生的专业技能和知识，通识教育侧重于培养学生的综合素质和跨学科思维能力，创新创业教育在培养学生的创新精神和创业能力方面发力。这三种教育相辅相成，共同构建了一个较为完整的高等教育价值体系，为学生实现个人发展和创造社会价值提供了有利的展示舞台。

创新创业教育应该是一种回归人性本真的教育，激发个人的主体性

第一章 创新创业价值观概述

和创造性,从而实现真正的个人成长和价值归宿。创新创业教育不仅提供知识和技能教育,更重要的是培养大学生的创新思维和创业精神,使他们更好地适应社会的发展。同时,创新创业教育也可以帮助大学生对自己的兴趣和优势有一个全面客观的了解,在今后的人生道路上趋利避害,更好地实现自我价值。因此,创新创业教育对于大学生的成长和发展具有重要意义。

(三)创新创业价值观的内涵

随着创新创业价值观的不断演变,创新创业教育发展也进入新阶段,亟须形成与之相匹配的价值观体系。大学生为何要参与创新创业,以及在创新创业中应坚持何种价值立场,都需要创新创业价值观的引导。

在对象范畴方面,创新创业价值观是主体对创新创业是否满足,多大程度满足自身需求和国家、社会需要的看法。创新创业价值观不是主体对创新创业是什么、怎么发展、未来如何发展的事实评价,而是对创新创业有没有价值、有多大价值、有什么价值的立场与态度的总和。这里的"创新创业"指向广义的创新创业,强调以创新为基础的创业活动,涵盖了创造性的思维方式、行为模式、生存策略和人生态度。

在产生条件方面,创新创业价值观的产生取决于创业需求和自我意识。首先,个体的创新创业需求是塑造其价值观的基础。当主体认识到创新创业对自身发展的重要意义时,会产生强烈的内在动力去满足这一需求,并在实践中整合对创新创业价值的认知,从而形成自身的创新创业价值观念。其次,自我意识在价值观形成中起关键作用。自我意识是指人在创新创业活动中的主体意识,表现在地位、行为、能力、使命等方面。地位意识帮助主体明确角色立场，行为意识指导其在过程中评估需求，能力意识衡量其满足需求的程度，而使命意识则引导其确定发展方向。因此，创新创业价值观是在创业需求的驱动和自我意识的引导下，通过与创新创业相关的价值活动逐步形成的。

在生成机制方面，创新创业价值观的形成主要依赖于外部社会观念的灌输与潜移默化的影响。任何一个社会，都会给其成员提供一种价值观念和生活目标，鼓励和引导他们去完成社会所期待的事业。[①] 创新创业价值观同样如此，国家政策、学校教育和社会舆论在不同层面灌输与社会发展相符的创新创业价值导向，创新创业文化的熏陶、个体的创新创业体验和周围人群的态度也在无形中传递着创新创业价值观念。个体被动接受这些外部价值观念后，经过"知情意"等心理过程的作用，逐步构建自己对创新创业的独特价值观念，并调和不同观念之间的冲突，最终形成个体的创新创业价值观。

在功能属性方面，创新创业价值观对创新创业活动具有导向、规范和激励作用，影响创新创业实践的全过程。一是导向功能。创新创业价值观作为一种创新创业理想与信念，为个体提供价值目标和选择标准。它不仅帮助主体明确创新创业的方向和内容，还指导其选择与取舍，从而对创新创业的认知和实践起到导向作用。二是规范功能。创新创业价值观作为一种行为准则，约束和调节主体的创新创业行为，并规范社会秩序。在个体层面，创新创业价值观通过影响主体的心理倾向，帮助其形成内在评价体系，判断行为的合理性，从而调节自身创新

---

① 袁贵仁.价值观的理论与实践:价值观若干问题的思考[M].北京:北京师范大学出版社,2013:132.

创业行为。在社会层面，创新创业价值观还通过制度建设和文化建设，为创新创业活动提供规则和模式，进而形成社会规范。三是激励功能。意识是行动的先导，它驱动着主体的行为，引导着主体的选择。创新创业行为的驱动需要强大的动机和坚定的意志，这种动机包含着价值意识。在创新创业领域，价值观表现为主体对创新创业的理想和追求。在复杂而艰难的创业过程中，坚定的价值观能够激发主体的斗志，释放潜力，保持激情，推动创新创业活动持续深入开展。

创新创业价值观的形成是一个漫长的过程，高校要准确把握创新创业价值观的科学内涵，对大学生进行创新创业价值观培育，建立规范的行为准则，为他们提供正确的价值引领。通过这样的教育过程，学生将能够更深入地理解创新创业价值观，从而形成全新的创新创业价值认识和价值判断。这一过程不仅着重于培养学生的创新思维和专业能力，更在于引导他们树立正确的创业态度和行为意识，以确保他们在今后可能的创业过程中能够遵循职业道德要求，规范自身行为，用与社会主义核心价值观相契合的精神内核，指导和调节自身的创新创业目标和创新创业行为，以实现自我价值与社会价值的统一。

第二节　创新创业价值观的理论基础

任何一种社会价值观都不是自然产生的，都有自己的理论源头。

马克思主义、习近平新时代中国特色社会主义思想、中华优秀传统文化为新时代大学生创新创业价值观研究提供了根本遵循，对于正确认识新时代大学生创新创业价值观的理论架构发挥着关键性作用。

一、马克思主义与创新创业价值观

马克思主义价值观的理论基础是唯物史观,基于马克思主义探寻创新创业价值观的理论渊源,必须基于唯物史观的本质特征。

(一)马克思、恩格斯关于自由、平等、公正的论述

价值观是一定社会形态社会性质的集中体现,对社会意识形态和理念系统起主导作用,直接影响社会制度的运行,并对社会发展产生重要影响。自由、平等、公正是马克思主义价值观的核心内容,对于培育大学生创新创业价值观具有重要影响。

1.马克思、恩格斯关于自由的论述

马克思主义关于"自由人联合体"这个最高理想、最高纲领和最终目标,内在地蕴含着社会主义的最高价值,并通过经济、政治、文化、社会等领域的核心价值和具体价值得以体现。马克思认为,"自由是可以做和可以从事任何不损害他人的事情的权利"[1]。自由的发展与进步与社会历史的发展进程密不可分。资本主义社会是人类对自由的一次重要探索,但其实现的自由价值仅停留在表面,因为政府依然是资本家用于掌控生产资料并剥削劳动者剩余价值的工具。而在社会主义阶段,自由是社会主义的内在要求,也是马克思主义价值观所追求和推崇的价值目标。

创新创业本质上是个体实现自由的重要途径,是社会生产力解放与

---

[1] 马克思,恩格斯.马克思恩格斯全集:第3卷[M].2版.北京:人民出版社,2002:183.

发展的必然结果,体现了人与自然关系的深刻变革。大学生萌发创业意愿,怀抱创业理想,投身创新创业实践的过程,是一个不断克服困难、探索规律、将未知转化为已知、将被动转化为主动、将挫折转化为成功的过程。在这一实践中,大学生突破自身局限,与自然、社会、环境和自身弱点进行斗争,从思维能力、行动能力、创造能力到精神体魄,都因摆脱束缚而获得自由与成长。大学生将创新创业融入自身的发展中,使之成为青年思考问题的习惯和生活方式,共同推进全社会的价值取向,追求社会更高层次的自由价值。

2.马克思、恩格斯关于平等的论述

平等是马克思主义价值观的基本取向,强调个体在经济、政治、文化等领域享有同等地位和权利。这一价值观的兴起与商品经济的演进密切相关,并由此推动了全球资源和生产分工的深化。随着社会生产力的提升,人类社会逐渐形成了分工体系。尽管分工在本质上均属于一般人类劳动,具有天然的平等属性,但在历史进程中却呈现出明显的阶级差异和阶段性特征。资本主义私有制成为资本主义社会不平等、阶级矛盾的根源。马克思主义价值观揭示了资本主义表面平等与实质剥削的内在矛盾,主张通过社会主义和共产主义的道路,实现实质平等。

马克思的平等观植根于唯物史观,强调平等是建立在生产力发展水平之上的。生产力作为衡量社会平等的重要指标,体现了人类从事生产活动的能力,是进行物质与精神生产的基本条件。它是特定历史阶段下物质生产的基础,是人类应对自然与人类之间矛盾的实际能力,也是人类征服自然、获取物质资源的能力。马克思认为,"权利决不能超出社会的经济结构以及由经济结构制约的社会的文化发展"①。平等的权利始终受到生产力发展水平的制约。

生产力是人类社会发展的根本动力,劳动者是生产力中最活跃的因素,在生产力发展中起着决定性作用。创新创业则是劳动力生产力在达到一定程度后的集中释放。劳动者的创新创业能力对于推动国家创新体系建设和现代化建设发展起着至关重要的作用。高校承担着培养社会主义建设者和接班人的重要使命,是孕育创新创业人才的主要阵地。随着我国经济社会的飞速发展和数字经济时代的来临,生产资料已不再局限于土地、工业设备等传统要素,互联网、人工智能等新兴技术的崛起,深刻改变了劳动力、劳动者与劳动资料之间的关系,显著增强了劳动者的创新创业意识和能力。通过创新创业价值观培育,大学生对创新创业的渴望和热情日益高涨,他们迫切希望通过自我实现的方式彰显个人价值,追求社会平等,并在生产力的极大发展中获得与之相匹配的权利与责任。

3. 马克思、恩格斯关于公正的论述

在《国际工人协会成立宣言》中,马克思强调加强工人的合作,认为合作是实现工人阶级解放的途径,工人阶级需要秉持公正这一重要价值观念。对马克思而言,公正从属于经济社会的发展,存在于人们的意识形态、道德观念、行为方式中,公正是物质社会关系中有关政治、经济、文化等方面的集中体现,是社会意识形态的重要组成内容。

经济基础决定上层建筑,公正作为道德范畴,受经济基础的制约。

---

① 马克思,恩格斯.马克思恩格斯选集:第3卷[M].北京:人民出版社,2012:364.

从经济角度分析,资本追求利润最大化,导致贫富分化,加剧社会不公。社会发展的根本目标是实现人的共同富裕,而自由与平等是公正的核心内涵。马克思、恩格斯将公正与人类解放紧密结合,以人的自由全面发展为宗旨,通过共产主义社会推动社会公正,实现人的平等与公正。公正既是道德范畴,也是历史范畴,其内涵随时代和个体的不同而变化,其核心是追求自由平等的价值公正。每个历史阶段的自由与平等程度并不均衡,只有在共产主义社会中,通过否定之否定的发展形式,人类才能实现自由而全面的发展,在平等中实现自由,在自由中实现平等,最终达成价值公正。

大学生创新创业不可避免地要融入市场经济体系,而市场经济本质上是一种契约经济。所有的市场交易关系都以契约为纽带,交易双方在拥有一定经济资源的前提下,承认彼此的权利和合法性。在社会主义市场经济中,各经济主体必须遵守法律法规、市场规范和交易规则,以确保市场秩序的正常运行。创新创业价值观培育应注重培养大学生的公平公正意识,引导他们在创新创业过程中遵纪守法、恪守契约精神,在法治框架内充分发挥创造力,开展合法合规的创新创业活动。

(二)马克思、恩格斯关于爱国、创新、奋斗的论述

马克思、恩格斯从历史唯物主义和辩证法的角度,揭示了爱国、创新和奋斗在人类社会发展和无产阶级解放中的重要意义,为新时代大学生创新创业价值观培育中弘扬爱国精神、推动创新发展、激励奋斗实践提供了重要的理论指导。

1.马克思、恩格斯关于爱国的论述

马克思、恩格斯终其一生为实现全人类的解放事业而努力奋斗,不

仅对无产阶级国家深深向往之，而且站在共产主义社会高度以彻底的无产阶级革命精神不屈不挠地将爱国主义发展到与国际主义相结合的新阶段。①

其一，爱国主义具有阶级性。国家是阶级统治的工具，爱国主义的内容和形式取决于阶级立场。在资本主义社会中，资产阶级利用爱国主义来维护其统治，掩盖阶级矛盾。资产阶级通过宣扬民族主义，转移无产阶级对剥削和压迫的注意力，使其忽视阶级利益的对立。无产阶级必须清醒认识到爱国主义的阶级本质，不能盲目追随资产阶级的爱国主义宣传。在《共产党宣言》中，马克思、恩格斯明确提出，"工人没有祖国"。这句话并非否定爱国，而是强调在资本主义制度下，无产阶级没有真正的国家归属感。马克思、恩格斯用真理的力量促进无产阶级觉醒，让他们相信在虚伪爱国主义谎言下无产阶级利益不可能真正实现，要高度警惕擦亮眼睛识别资产阶级虚伪的表象。

其二，爱国主义必须争取民族独立与解放。在资本主义制度下，国家只是维护资产阶级利益的工具，无产阶级无法真正实现爱国。从德国长期分裂民族整体力量的分散中，马克思、恩格斯深深感到"排除民族压迫是一切健康和自由的发展的基本条件"②，无产阶级只有通过社会主义革命，推翻资产阶级统治，建立无产阶级专政，才能实现真正的民族独立和人民解放。社会主义国家的建立将使爱国主义与人民的根本利益相一致。在社会主义社会中，爱国主义的内涵发生了变化，它不再是为少数人服务的工具，而是成为推动社会进步、实现共同富裕

---

① 李明珠.新时代大学生爱国主义教育研究[D].北京:中国矿业大学,2022:51.
② 马克思,恩格斯.马克思恩格斯全集:第35卷[M].北京:人民出版社,1971:261.

的精神力量。

其三，爱国主义必须与国际主义相结合。马克思认为，资本主义的全球扩张使无产阶级的利益超越了国界，全世界无产者有着共同的敌人——资产阶级。无产阶级的斗争必须具有国际视野，通过国际联合实现解放。马克思在《国际工人协会成立宣言》中呼吁："全世界无产者，联合起来！"这一口号体现了无产阶级爱国主义的国际主义特征。无产阶级的爱国主义不是狭隘的民族主义，而是以实现全人类解放为目标。只有通过国际无产阶级的团结斗争，才能最终消灭剥削和压迫，实现真正的民族解放和社会进步。

2.马克思、恩格斯关于创新的论述

整部马克思主义发展史就是一部与时俱进、守正创新的历史，从其诞生的使命到其发展过程都具有鲜明的创新精神，而马克思主义理论也不断进行理论创新，推动社会制度创新，指导人们进行实践创新。

其一，创新是人特有的实践活动。人是实践的存在物，人的自然属性、社会属性和精神属性统一于实践性中。人的实践是一种高级的创造性活动，蕴含着丰富的创新精神。人类通过实践能动地改造客观世界，将其主观意志转化为现实，形成对象化的世界。马克思在《1844年经济学哲学手稿》中写道："劳动的产品是固定在某个对象中的、物化的劳动，这就是劳动的对象化。劳动的现实化就是劳动的对象化。"①这意味着人类通过有目的、有意识的劳动，创造出一个"属人"的世界的而不是"属物"的对象世界。通过改造世界，人们可以

---

① 马克思,恩格斯.马克思恩格斯文集：第1卷[M].北京：人民出版社,2009：156-157.

创造出客观世界原来几乎不会出现的东西。因此，实践的核心在于其创造性，而这种创造性正是创新精神的体现。

其二，创新是事物发展规律的本质要求。马克思主义认为，在自然界的发展中，物质运动都遵循着对立统一规律、质量互变规律和否定之否定规律。当一对旧的矛盾解决之后就产生一组新的矛盾，以推进事物的发展，而这组新出现的矛盾就是创新。事物的发展从量变开始，当量的积累达到一定程度时，就会产生质的飞跃，从而形成新的质态，这也是创新。事物在肯定和否定之间不断循环，经历螺旋式上升的过程，同样体现了创新。可见，事物运动发展必然带来创新，这一规律也要求坚持创新。恩格斯在《自然辩证法》中强调，"如果说地球是某种生产的东西，那么它现在的地质的、地理的和气候的状况，它的植物和动物，也一定是某种生成的东西，它不仅在空间中必然有彼此并列的历史，而且在时间上也必然有前后相继的历史"[1]，"自然界不是存在着，而是生成着和消逝着"[2]。这种历史的更迭本质上是旧事物的消亡与新事物的诞生，即破旧立新，而且生成和消逝循环着，也就说明了创新是常态，是事物发展的规律。

其三，创新能促进人的自由全面发展。马克思将创新与人的自由全面发展联系起来。在《德意志意识形态》中，马克思、恩格斯指出，"只有在共同体中，个人才能获得全面发展其才能的手段"[3]。在《资本论》中，马克思再次确认人的"自由个性"，并把"每个人的

---

[1] 马克思,恩格斯.马克思恩格斯文集:第9卷[M].北京:人民出版社,2009:414.
[2] 马克思,恩格斯.马克思恩格斯文集:第9卷[M].北京:人民出版社,2009:415.
[3] 马克思,恩格斯.马克思恩格斯文集:第1卷[M].北京:人民出版社,2009:571.

自由发展"进一步表述为"每一个个人的全面而自由的发展"①。 自由意味着摆脱束缚，突破限制，获得解放，而创新则意味着告别旧状态，迎来新状态，从旧的束缚中挣脱出来，获得自由。 在共产主义社会中，创新将成为实现人的解放和全面发展的重要手段。 通过科技创新和社会制度创新，人类可以摆脱物资匮乏和异化劳动的束缚，实现真正的自由。

其四，创新能推动生产力发展和社会变革。 马克思指出，技术创新是生产力进步和社会变革的核心力量。 技术创新和生产工具的改进能够显著提高生产效率，从而推动社会财富的增长。 工业革命中的机器发明和生产方式变革，极大地提高了生产力，改变了社会面貌。 资本主义社会的本质决定了资本家会不断推动技术创新，以追求更多的剩余价值。 然而，资本主义制度下的创新具有局限性，其目的是资本积累，而不是全人类的福祉。 只有通过社会主义革命，建立以公有制为基础的社会制度，才能使创新真正服务于全人类的利益。 创新不仅体现在生产力层面，还体现在社会意识形态的变革中。 科学革命和启蒙运动中的思想创新，为资本主义社会的建立提供了理论支持；而社会主义理论的出现，则为无产阶级的解放斗争提供了思想武器。 恩格斯指出，"一个民族要想站在科学的最高峰，就一刻也不能没有理论思维"②。 只有通过思想解放和理论创新，才能推动社会的全面进步。

3.马克思、恩格斯关于奋斗的论述

奋斗是马克思、恩格斯革命生涯基本的"生命要素"，他们关于奋斗

---

① 马克思,恩格斯.马克思恩格斯文集:第 5 卷[M].北京:人民出版社,2009:683.
② 马克思,恩格斯.马克思恩格斯文集:第 9 卷[M].北京:人民出版社,2009:437.

的诸多观点和思想，深刻揭示了奋斗的本质和无产阶级奋斗的目标和价值。

其一，人们的奋斗往往与利益密切相关。马克思指出，"人们为之奋斗的一切，都同他们的利益有关"①。这表明，奋斗和斗争是实现利益的手段。利益属于社会关系的范畴，主要包含政治利益、经济利益、文化利益、法律利益和宗教利益等。其中，经济利益是社会关系的基础。物质利益的满足是人类生存和发展的基础，也是推动人们改造自然、改造社会的直接动因。除了物质利益，人们还有其他利益需求，不同的利益主体既有对立也有依存。人们为了追求各自不同的利益，参与到各种社会实践活动中，从而创造了更多的社会财富。人们为了追求各种利益而奋斗的实践活动推动了社会的不断变化发展，全世界无产阶级有相同的利益追求，也面临共同斗争，需要团结一致、共同奋斗。与以往的运动不同，无产阶级运动和奋斗不是为少数人谋利益，而是为绝大多数人谋利益。

其二，青年时期是需要奋斗的人生阶段。青年不仅是工人阶级的未来，也是人类的未来。马克思、恩格斯非常重视青年一代的成长，强调青年是社会变革的主要力量，无产阶级革命必须充分发挥青年的作用，激励他们积极参与。他们指出，"青年"不是一个单纯的理论概念，而是人生发展的一个特殊阶段。作为一个现实实践活动的人、特殊阶段的人，青年要勇于担当，为无产阶级的解放和全人类的幸福生活而奋斗。马克思说："人只有为同时代人的完美、为他们的幸福而工

---

① 马克思,恩格斯.马克思恩格斯全集:第1卷[M].2版.北京:人民出版社,1995:187.

作,自己才能达到完美。"①青年是人生奋斗的关键阶段,应服务他人、奉献社会,追求有意义的奋斗目标。

其三,人民群众是社会历史的奋斗主体。谁是社会历史的创造者?在马克思主义诞生之前,历史唯心主义的英雄史观占据主导地位,认为英雄人物是历史的创造者,忽视了广大人民群众在社会历史发展进程中的重要作用。马克思、恩格斯通过对人类社会历史发展的深刻分析,批判了唯心主义的错误观点,指出人民群众才是历史活动的真正主体,是人类历史的真正创造者。马克思、恩格斯从劳动是人的本质角度论证了人民群众的奋斗不仅创造了物质财富,也创造了精神财富。

二、习近平新时代中国特色社会主义思想与创新创业价值观

党的十八大以来,中国特色社会主义进入新时代。习近平总书记站在历史和现实、理论和实践、国内和国际的高度,基于党和国家事业发展的战略全局作出一系列重要论述,为大学生树立正确的创新创业价值观指明了方向。

(一)习近平关于家国情怀的重要论述

家国情怀作为中国人和中国文化的精神特质和价值标识,早已深深融入中华儿女的精神血脉之中,它支撑着中华民族经久不衰,引导着一代代中华儿女不懈奋斗。中国五千年的历史与新中国的发展历程表明,无论时代如何变迁,中华民族的家国责任不能丢弃,中华儿女的家

---

① 马克思,恩格斯.马克思恩格斯全集:第1卷[M].2版.北京:人民出版社,1995:459.

国情怀不能弱化。

新时代，习近平总书记对于国家、民族、家庭有着深刻的理论思考和实践探寻，形成了一系列关于家国情怀的重要论述。

其一，重视家风建设和家庭教育。习近平总书记指出："家庭是人生的第一个课堂，父母是孩子的第一任老师。"①父母务必把言传身教作为一项基础性、战略性任务，培育孩子良好的思想品德，帮助孩子树立崇高的信仰和信念，明晰自己为谁服务、怎么服务。这样，孩子在面对风险与挑战时，才能坚定正确的思想价值理念，作出正确的行为选择，进而实现个体的社会价值和自我价值。习近平总书记认为，"广大家庭都要弘扬优良家风，以千千万万家庭的好家风支撑起全社会的好风气"②。优良家风的弘扬是涵养良好社会风气的基础，只有从家风建设入手，才能真正推进社会和谐。

其二，提倡家国一体的价值理念。习近平总书记在继承马克思主义的人类情怀的基础上，吸收中华优秀传统文化中的家国同构的文化基因，深入探究家与国之间的内在紧密联系，结合国家繁荣发展与家庭幸福美满的关联，完整地、准确地、科学地阐释了家国一体的价值理念。家国一体的价值理念主张个人的前途命运与国家和民族的前途命运紧密相连，习近平总书记指出，"每个人的前途命运都与国家和民族的前途命运紧密相连。国家好，民族好，大家才会好"③。同时，国家的发展水平影响和制约着家庭的幸福美满，习近平总书记在2018年春节团

---

① 习近平.在会见第一届全国文明家庭代表时的讲话[N].光明日报,2016-12-16(2).
② 习近平.在会见第一届全国文明家庭代表时的讲话[N].光明日报,2016-12-16(2).
③ 习近平.习近平在参观《复兴之路》展览时强调 承前启后 继往开来 继续朝着中华民族伟大复兴目标奋勇前进[N].光明日报,2012-11-30(1).

拜会上的讲话中指出,"国家富强,民族复兴,最终要体现在千千万万个家庭都幸福美满上,体现在亿万人民生活不断改善上"①。 国家富强、民族振兴、人民幸福相互联系、相互依存,国家富强是家庭幸福的基础,家庭幸福是国家富强的题中应有之义和内在需要。 习近平总书记在2019年春节团拜会进一步指出,"没有国家繁荣发展,就没有家庭幸福美满。 同样,没有千千万万家庭幸福美满,就没有国家繁荣发展"②。

其三,坚持爱党、爱国、爱社会主义的统一。"我国爱国主义始终围绕着实现民族富强、人民幸福而发展,最终汇流于中国特色社会主义。 祖国的命运和党的命运、社会主义的命运是密不可分的。"③在家风建设中,应重视培养孩子的道德品质和骨气气节,尤其是爱党、爱国教育,这样才能培育出德才兼备、肩负民族复兴重任的时代新人。 要营造良好的社会氛围,引导人们树立正确的民族意识、国家意识,使爱国主义精神得以传承和弘扬。 爱党爱国是大学生创新创业的首要价值标准,是企业家精神的鲜明底色。 创新创业路上,党和国家始终是最坚实的后盾和最强大的动力。 青年要实现人生价值,必须坚定信念,坚守爱党爱国的初心,听党话、跟党走,立志为国家和人民奋斗。

(二)习近平关于创新的重要论述

创新是习近平新时代中国特色社会主义思想的鲜明的方法论特征。

---

① 习近平.在2018年春节团拜会上的讲话[N].人民日报,2018-02-15(2).
② 习近平.在2019年春节团拜会上的讲话[N].人民日报,2019-02-04(1).
③ 中共中央文献研究室.习近平关于社会主义文化建设论述摘编[M].北京:中央文献出版社,2017:129.

习近平总书记着眼时代发展形势和国内创新现实挑战，多次提出关于创新、创新精神、创新型人才的新论断、新思想，并对科技进步、经济发展、人才培养等多方面工作明确提出了新要求，从理论和实践角度科学回答了新时代关于创新的一系列重大问题，为大学生创新精神培育提供了理论遵循。

首先，习近平总书记高度重视创新。党中央一直把科技创新摆在国家发展全局的核心位置，把创新作为引领发展的第一动力。历史经验表明，先进的科学技术是立国强国的重要保障。从中国古代四大发明影响全球到大刀长矛迎战坚船利炮，血淋淋的教训告诫我们，落后就要挨打，科技创新是中国始终保持世界领先地位的重要武器。当前，新一轮科技革命迅猛发展，以人工智能为代表的高新技术即将成为国际竞争的核心力量，智能时代的到来要求我们必须敢于变革、勇于创新，紧跟时代步伐。以中国式现代化全面推进中华民族伟大复兴，要在更高层次、更大范围发挥科技创新的引领作用，加强原创性和颠覆性科技创新，加快实现高水平科技自立自强。党的二十大报告提出，"强化企业科技创新主体地位，发挥科技型骨干企业引领支撑作用，营造有利于科技型中小微企业成长的良好环境，推动创新链产业链资金链人才链深度融合"[1]。大学生创业者要有不甘落后、奋勇争先的责任感和使命感，投身改革创新实践，聚焦新一代信息技术、人工智能、新能源、新材料、高端装备、绿色环保等领域，运用专业知识推动科技创新，牵住科技创新的"牛鼻子"，在国际竞争中占领先机，为提高国家核心竞争

---

[1] 习近平.高举中国特色社会主义伟大旗帜 为全面建设社会主义现代化国家而团结奋斗：在中国共产党第二十次全国代表大会上的报告[M].北京：人民出版社，2022：36.

力、引领国家经济高质量发展添砖加瓦。

其次,习近平总书记高度重视创新型人才及其培育。党的二十大报告指出,"要坚持教育优先发展、科技自立自强、人才引领驱动,加快建设教育强国、科技强国、人才强国,坚持为党育人、为国育才,全面提高人才自主培养质量,着力造就拔尖创新人才,聚天下英才而用之"①。推进创新驱动发展,创新是核心,人才是关键,教育是基础。培养创新型人才,就是为创新驱动发展战略的实施、创新型国家目标的实现而提供具有高度创新精神和能力的青年人才。谁能培养造就更多创新型人才,谁就能在激烈的国际竞争中赢得优势。面对世界百年未有之大变局,深入实施新时代人才强国战略,挖掘大学生的创新创造潜能,培养大学生的创新创造能力,将在高精尖领域进一步汇聚人才合力。人才强国战略的推动和一系列政策的支持,为大学生创新创业注入新的活力,为创新创业项目提供更多保障与支持,激励更多学生投身创新创业。同时,有利于大学生创新创业的政策、市场、社会、工作生活环境等不断优化,将为中国式现代化进程中的大学生创新创业提供坚实支撑。

(三)习近平关于奋斗精神的重要论述

奋斗精神源自于人类社会的实践活动,人们对奋斗精神的认识和理解也在实践中不断深化。新时代,习近平总书记继承中华民族伟大奋斗精神,提出了一系列具有开创性意义的新理念新思想,进一步丰富和

---

① 习近平.高举中国特色社会主义伟大旗帜 为全面建设社会主义现代化国家而团结奋斗:在中国共产党第二十次全国代表大会上的报告[M].北京:人民出版社,2022:33-34.

拓展了奋斗精神，成为新时代全党全国人民进行伟大奋斗、夺取新时代伟大事业新胜利的行动指南。

其一，强调奋斗要以人民为中心。中国共产党是为人民谋幸福、谋利益的党，这是党的初心也是使命。中国共产党代表的是全体人民群众的共同利益，中国共产党的奋斗目标是实现人民美好生活追求。也因此，我们党强调的奋斗一定是以人民为中心的奋斗，是为了维护全体人民共同利益而进行的奋斗。习近平总书记强调，"江山就是人民，人民就是江山"①，"人民对美好生活的向往，就是我们的奋斗目标"②。这就意味着，中国共产党要始终将人民群众的利益放在第一位，心系广大人民群众，一切为了广大群众，发展成果人民群众共享。

其二，强调幸福都是奋斗出来的。"新时代是奋斗者的时代""幸福都是奋斗出来的""奋斗本身就是一种幸福"，这是习近平总书记对新时代奋斗目标、奋斗过程和奋斗价值的深刻阐释。历史和实践证明，只有永葆奋斗精神，不断接续奋斗，才能在新时代创造出更大成就。奋斗从本质上讲是团结奋斗，而不是单纯的个人奋斗。中国共产党奋斗是为了人民，是永远与人民同甘共苦、一起奋斗。这种为国家图富强、民族谋复兴的奋斗是伟大的奋斗，这种为广大人民群众谋幸福的奋斗是最幸福的奋斗。当个人奋斗与民族复兴的伟大目标相结合时，人们不仅能感受到劳动的光荣与创造的力量，还能在实现人生价值的过程中深刻体会幸福的内涵。

---

① 习近平.在庆祝中国共产党成立100周年大会上的讲话[N].光明日报,2021-07-02(2).
② 中共中央党史和文献研究院,中央学习贯彻习近平新时代中国特色社会主义思想主题教育领导小组办公室.习近平新时代中国特色社会主义思想专题摘编[M].北京：中央文献出版社,2023:103.

其三,强调青年是奋斗的主要力量。 习近平总书记强调,"国家的前途,民族的命运,人民的幸福,是当代中国青年必须和必将承担的重任","当代中国青年要有所作为,就必须投身人民的伟大奋斗"。① 新时代大学生作为奋斗的主要力量,更加需要树立奋斗精神、投身奋斗实践。 一是要爱国奋斗。 要坚定理想信念,扣好"人生第一粒扣子",将个人的价值理想融入国家发展和民族复兴的伟大事业中,以人民的美好生活作为自身奋斗的追求,通过奋斗服务人民、奉献祖国,在奋斗实践中贡献青春力量。 二是要艰苦奋斗。 一切美好生活都不是从天而降的,也不是唾手可得的,需要千千万万人的不懈艰苦奋斗。 作为社会发展的生力军,青年要传承伟大奋斗精神,敢于吃苦,敢于直面苦难,敢于迎难而上,积极到祖国需要的地方发光发热,为党和国家事业发展贡献青春力量。 三是要接续奋斗。 习近平总书记指出,"没有广大人民特别是一代代青年前赴后继、艰苦卓绝的接续奋斗,就没有中国特色社会主义新时代的今天,更不会有实现中华民族伟大复兴的明天"②。 新时代的中国青年,要弘扬五四精神,立鸿鹄志,做奋斗者,以青春之我、奋斗之我助力中华民族伟大复兴梦想的实现。 大学生要在创新创业实践中锤炼奋斗精神,不断克服困难,实现全面发展。

三、中华优秀传统文化与创新创业价值观

中华优秀传统文化源远流长、博大精深,蕴含着五千多年历史发展

---

① 习近平.习近平致全国青联十二届全委会和全国学联二十六大的贺信[N].人民日报,2015-07-25(1).
② 习近平.在纪念五四运动100周年大会上的讲话[N].人民日报,2019-05-01(2).

过程中所积淀的文明与智慧，是涵养新时代大学生创新创业价值观的重要来源。

（一）中华优秀传统文化中的爱国主义精神

传统文化中的爱国精神是中华民族精神的核心组成部分，深刻体现了中华民族对国家的深厚感情和责任担当。

首先，爱国精神体现为对国家的忠诚与奉献。在传统爱国主义思想中，"忠"占据着核心位置，要求人们把爱国信念转化为具体的行动，时刻做有利于国家的事情，当国家有危难的时候要挺身而出、誓死报国。《左传》通过"天之所覆，地之所载，人之所履，莫大于忠"来阐述"忠"对于国家发展的重要意义。"天下兴亡，匹夫有责"，顾炎武的这句话在中华大地上永续流传，倡导个人与国家命运紧密相连，要求每个人以国家利益为重，勇于承担社会责任。从屈原的"虽九死其犹未悔"到岳飞的"尽忠报国"，再到林则徐的"苟利国家生死以，岂因祸福避趋之"，这些历史人物的事迹无不彰显了传统文化中对国家的忠诚与无私奉献。

其次，爱国精神还体现为对国家和民族未来的关切与奋斗。传统文化倡导"先天下之忧而忧，后天下之乐而乐"的崇高情怀，强调个人应当以国家富强、民族振兴为己任。从古代的"修身齐家治国平天下"到近代的"振兴中华"，爱国精神始终激励着中华儿女为国家和民族的美好未来而不懈奋斗。新时代大学生要在爱国精神的指引下，把青春梦融入中国梦，培养对国家、社会、人民的责任担当，不断增强创新精神、创业能力，努力成长为祖国发展需要的创新型人才。

(二)中华优秀传统文化中的艰苦奋斗精神

艰苦奋斗精神是中华民族不断向前发展的宝贵精神财富,展现了中国人民面对艰难困苦勇往直前的精神风貌。

其一,不畏艰辛是艰苦奋斗的意志品质。艰苦奋斗精神强调不畏艰辛,勇于吃苦。《尔雅·释诂》说"艰,难也","艰"意为困难,而"苦"则代表忍耐力,要求人们能够忍受苦难、迎难而上。《孟子》有言:"故天将降大任于是人也,必先苦其心志,劳其筋骨,饿其体肤,空乏其身。"这句话表明,只有经过艰苦的磨炼,才能承担重任、成就大业。不畏艰难的精神是中华民族在历史长河中不断战胜困难、取得胜利的重要保障,正如万里长城的修建历时多个朝代,凝聚了无数劳动人民的智慧和汗水;张骞出使西域,历经艰险,开辟了丝绸之路,促进了中外文化交流。

其二,持之以恒是艰苦奋斗的持久动力。《论语》有云:"譬如为山,未成一篑,止,吾止也;譬如平地,虽覆一篑,进,吾往也。"这句话表明,艰苦奋斗需要持之以恒的努力和付出。在面对困难和挑战时,不能轻言放弃,只有持之以恒,才能取得成功。李时珍历时27年完成《本草纲目》,为中医药学的发展呕心沥血;玄奘西行取经,历经17年,为佛教文化的传播和中印文化交流作出了重要贡献:这些都体现了中华民族在面对长期目标时的耐心和坚持。在创新创业过程中,大学生要保持艰苦奋斗的精神,吃苦耐劳,奋发进取,不畏艰难,锲而不舍,才能实现创新创业的梦想。

（三）中华优秀传统文化中的诚实守信精神

诚实守信精神不仅是一种道德规范，更是一种价值追求，是中华民族道德体系的重要组成部分。

首先，诚信为立身之本。传统文化将诚信作为社交活动一种准则和行为规范，约束人们按照诚信的规范和原则去为人处世。《论语》有云："人而无信，不知其可也。大车无輗，小车无軏，其何以行之哉？"这句话表明，诚信是做人最基本的品质，缺乏诚信的人难以在社会中立足。孔子将"信"列为"五常"（仁、义、礼、智、信）之一，强调诚信是个人道德修养的核心内容。曾子"吾日三省吾身"中的"与朋友交而不信乎"，也体现了诚信在人际交往中的重要性。在一个充满诚信的社会中，人与人之间能够建立信任，减少冲突，促进和谐。

其次，诚信为经商之道。传统文化还将诚信作为是社会经济活动的一种基本行为规范。儒家思想强调"义利合一"，认为经商应以诚信为本，追求正当利益。还有"信者为储"，指的是商人如若信守行业准则和个人承诺，就会赢得好的信誉，从而获得更多的利益。明清时期的晋商和徽商以"诚信经营"著称，他们的成功不仅源于商业智慧，更得益于对诚信原则的坚守。传统文化中的"童叟无欺""货真价实"等理念，至今仍是商业道德的重要准则。新时代大学生创新创业价值观培育，必须重视大学生诚实守信的精神构建，才能使大学生在追逐创新创业目标的道路上行稳致远。

（四）中华优秀传统文化中的创新求变精神

自古以来，中华民族就注重创新求变这一价值追求。这也体现了中华民族在历史长河中不断突破自我、追求进步的文化品格。

其一，革故鼎新是创新求变的思想基础。"革，去故也；鼎，取新也"，意指破旧立新，推动事物发展和社会进步，其核心是适时变革、去旧更新。"穷则变，变则通，通则久"，这句话强调当事物发展到极限时，必须通过变革来寻求新的出路。古人认为，永恒变化是宇宙万物存在的基本状态，应把握规律，适应变化，推动创新。在中国历史上，许多重大的社会变革都体现了创新求变的精神，例如商鞅变法通过改革土地制度、奖励耕战，使秦国迅速强大；王安石变法试图通过一系列经济和政治改革，解决北宋中期的社会矛盾。

其二，实事求是是创新求变的科学态度。《汉书·河间献王传》中提到"修学好古，实事求是"，意指根据实际情况探求事物的本质和规律。在创新求变的过程中，只有以事实为依据，才能避免主观臆断，找到正确的方向和方法，例如东汉科学家张衡发明地动仪，通过科学实验验证地震现象；宋代沈括在《梦溪笔谈》中，通过系统的观察和实验，提出了许多科学见解。这种实事求是的科学态度，不仅推动了古代科技的进步，也为现代创新提供了重要的方法论指导。只有保持创新创造思维，不唯传统，不屈服于权威，不唯古也不唯上，实事求是，应变求通，不断创新，中华民族才能不断超越自己，以更加高昂的姿态走向未来。新时代大学生创业者要着力培养创新精神，不迷信前人，不盲从已有的经验，不满足已有的成果，认清事物的本质，把握事物的规律，运用创新的方法和路径寻找突破口，才能不断提出新构想，发明新技术，创造新产品。

第二章　大学生创新创业价值观的现实审视

对大学生创新创业价值观的现状进行梳理和反思，进而引出大学生创新创业价值观的方向引领，这是新时代大学生创新创业价值观培育实施必要性和有效性的重要保障。

第一节　大学生创新创业价值观的现状分析

一、大学生创新创业价值观存在的问题

对大学生创新创业价值观存在的问题进行全面的了解，不仅关乎个体的成长和发展，更关乎社会的繁荣与进步。通过第一章的梳理，我们不难发现，尽管创新创业价值观最初被认为是价值观培育固有的一个方面，后来又成为创新创业教育领域的一部分，但在当下，人们对创新创业价值观的认识仍然不足。

第二章　大学生创新创业价值观的现实审视

（一）认知呈现表面化

目前，大学生对于创新创业价值的认知仍然表面化。笔者对福建省内部分高校大学生的调研发现，当被问及是否考虑过从事创新创业时，有约15%的受访者表示"完全没有考虑过"。部分学生将创新创业视作专属于学霸精英的领域，认为唯有在学术成绩卓越、个人素质全面、创新能力出众的前提下，参与创新创业相关学习才具备实际价值。有些学生甚至将创业视为无法找到优质工作的差生才会考虑的保底选项，这种观念相当片面，并贬低了创业在就业市场中的地位。尤其在传统教育观念的牵制下，许多学生仍然以通过各种考试，取得毕业证书和学位，便能够顺利地获得理想的职业为主要的就业路径。这些观念影响了学生对于参与创新创业学习和活动的热情。不少大学生依旧更加重视个人的专业成绩、奖学金等指标，而忽略了对创新创业意识、创新创业能力的培养和自身综合素质的全面提升。据此次调研数据，当前正在创业和已成功创业的学生总数，在整体学生群体中占比不足2%。

另外，相当一部分学生将创新创业仅视为追求经济效益和物质财富的手段。在随机访谈中，有40%的学生表示，如果在创业或者有创业打算，他们的主要目的是赚钱，而较少关注于为社会价值的增长或个人理想的实现做贡献。市场经济强化了"经济人"形象，在工具理性驱使下，市场主体往往按照市场的需要塑造自己，甚至有人为了追逐物质利益最大化而打破道德底线和法律规范。在拜金主义的影响下，一切向"钱"看、金钱至上，似乎成为唯一的追求或最后的目的。这种急功近利的方式是不可取的，也不利于高校创新创业价值观培育的推进。

此外，大部分学生未能充分理解创新创业所面临的困难与挑战，仅凭一腔热情与创意便盲目乐观，认为有好创意就能获得成功。这种片面的看法忽视了创新创业所需的艰苦努力与全面准备，可能导致实际操作中的失误与挫折。并且当创新创业陷入困境时，有的学生没有良好的心理素质来面对和承受可能的挫折。此次调研表明，面对风险，心理承受能力不足的学生占32%。我们应引导学生全面认识创新创业的复杂性与风险性，培养其坚韧不拔的精神与全面规划的能力，以确保其在未来的创新创业道路上能够稳步前行，实现个人价值与社会价值的双赢。

（二）创业动机不纯粹

根据中国传媒大学发布的《2021中国大学生创业报告》，在"大学生最可能因为什么而创业"的调查中，排名前三位的依次为赚钱、相对自由的工作生活方式、实现自我价值。① 结合对福建省内部分高校大学生的访谈发现，大学生走上创业的道路，通常基于以下几个出发点。

首先，以经济回报为出发点。目前有许多家庭存在经济压力，为了交付大学学费和维持正常学习生活，部分学生不得不利用课余时间打工。在这过程中，部分具备创业天赋的学生会敏锐地发现商机，并及时把握，开始自己的创业之路。

其次，以自我内驱力和创新精神为出发点。这部分学生通常具备独立坚强的个性。他们为增加实践经验、拓展社会阅历，或为实现特

---

① 中国传媒大学：2021中国大学生创业报告[EB/OL].(2022-04-03)[2024-11-23].https://www.sohu.com/a/535066295_483389.

定目标而充分准备经济条件,选择踏上创业之路。这类创业者通常以培养自己的创新创业能力为目标,需求明确,行动力强,面对失败有更强的承受能力。

再次,以实现事业成功为出发点。这些学生具有明确的人生规划,甚至部分学生可能拥有具有自主知识产权的科研成果,为了尽早实现事业的成功,其中一部分人率先开始了创业之路。

最后,以就业为导向选择创业,这也是普遍的创业动机。我国大学生面临着严峻的就业形势,表现在需求不足和毕业生工资待遇下降两方面。在这种情况下,为了寻找理想工作,部分大学生选择探索创新创业之路。但他们抗压能力和抗风险能力较弱,因此放弃或在创业途中失败的比例也相对较高。

(三)价值取向不正确

目前,部分在校大学生具有参与创新创业活动的强烈意愿,但其世界观、人生观、价值观尚处于构建和完善的阶段,还未形成完整成熟的思想体系,极易在创新创业过程中被不同的价值观左右,形成价值偏差,导致思想"开小差",甚至会出现严重的决策错误导致创业项目失败。

他们对创新创业的认识仅仅停留在表面,认为创业只是通过创办企业来获取金钱、地位等利益。价值取向不正确,在创业过程中就容易产生创业态度不正、创新动机不当、创新创业精神不足、信仰不坚定、社会责任感不强烈、团结奋进精神不强、职业道德缺失等多方面问题,诸如大学生过于急功近利,过分看重金钱、权力、利益等。有研究指出,少数大学生在开展创新创业实践活动的过程中过分狂热地追求经济利益。若大学生在校期间受到的创新创业价值观引导不足，必然导致价值观混乱、价值观与行动脱节等问题，甚至出现功利性、利己性倾向。部分大学生在创新创业过程中抱着"捡漏""抱大腿""乞讨项目"的被动想法和心态，甚至为达目的不择手段，竭尽所能地追求利益最大化。当下青年大学生群体还存在对创业所应该承担的责任担当的认识严重不足的问题，不仅不能应对创业过程中的风险和不确定性，而且影响到个人发展前景，甚至对社会发展造成严重影响。

改革开放带来了物质财富的日益增长和消费水平的持续提升，极大地满足了人们的物质需求，但西方思潮的迅速涌入也在某种程度上导致了大学生过度追求物质需求而忽略了精神上的追求。很多大学生认为，创业就是创富，就是为了追求享乐、纵欲、奢华的庸俗生活。《2021中国大学生创业报告》显示，在"'功成名就'对于你来说，是什么"的调查中，58%的大学生对"成功"的定义基于物质上的享受及快感。[①] 当前大学生就业困难依然存在，大学生为了生存被迫选择生存型创业，在创业价值选择上较多关注个人利益而较少关注社会利益，创新创业价值取向出现了不同程度的扭曲。

因此，社会主义核心价值观应贯穿于大学生创新创业价值观培育的全过程，积极引领当代大学生树立创新创业理想，涵养职业道德，在创新创业活动中形成正确的价值取向。

二、大学生创新创业价值观存在问题的原因

只有全面分析大学生创新创业价值观存在问题的原因，才能更好地

[①] 中国传媒大学:2021中国大学生创业报告[EB/OL].(2022-04-03)[2024-11-23].https://www.sohu.com/a/535066295_483389.

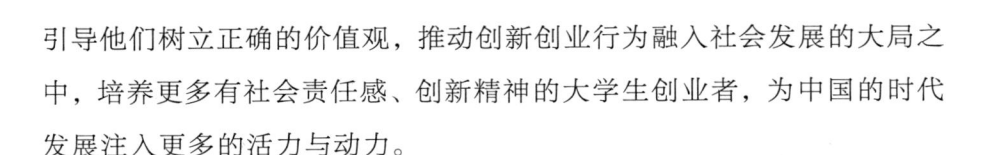

引导他们树立正确的价值观,推动创新创业行为融入社会发展的大局之中,培养更多有社会责任感、创新精神的大学生创业者,为中国的时代发展注入更多的活力与动力。

(一)宏观教育环境脆弱,教育体系有待完善

大学生创新创业价值观培育在与时俱进的同时,依然存在着不少问题。一是教育体系的发展不平衡、不完善,缺乏对大学生创新创业价值观的深入研究和指导。二是我国创新创业教育理论在反映创新创业现实、指导创新创业成果转化方面还有所欠缺。三是我国在创新创业教育理论方面的研究在一定程度上超越了对创新创业实践的投入。

高校是创新创业价值观培育的实施主体,但大学生创新创业是一项系统工程,高校自身很难独立完成创新创业人才专业技能和价值观的全面培养任务。大学生创新创业价值观培育还必须在政府、企业和社区等教育支持系统要素的通力合作下才能实现。

在现行的并不完善的创新创业价值观培育模式下,不同的利益相关者关注的焦点存在差异。高校重视的是创新创业价值观培育的实施过程,而企业追求的是利润最大化,政府则寄希望于社会整体进步,社区则仅仅关注生活稳定和谐。这些不同利益相关者的价值追求有时还存在冲突,难以形成合力。首先,高校与企业的联动比较单一。如何实现人才培养与产业需求的深度融合,将真实的商业环境引入教学,在具体情境中切实推进创新创业价值观培育,是高校亟待解决的重要问题。现有的校企互动多集中于企业导师授课和学生实习等传统方式,虽能增强学生的实操能力,但在培育创新思维和创业精神方面作用有限。企业提供的实践机会往往侧重于技术应用,未能让学生全面参与创新创业

的各个环节，制约了其对创新创业价值的深入认知，影响了人才培养实效。其次，高校与政府的联动欠缺主动性。在创新创业的政策引导方面，政府部门多采用指令性较强的管理方式，着重打造硬件设施，为青年创业者构建公共服务平台，并提供完善的政策支持体系。但在创新创业文化的培育方面，特别是在价值观念的传播与引导上，缺乏系统规划和实施细则，未能充分发挥其作为核心价值倡导者的作用。这种重政策扶持、轻理念引导的失衡状态，不利于营造良好的创新创业文化氛围。在政府行政思维的主导下，高校创新创业教育主体由教师和学生变为行政职能部门，即教师和学生被当作受管理者、被施策的对象，创新创业教育主体地位发生错位。此外，高校为响应国家关于鼓励大学生创新创业的号召，以政府的顶层设计为价值导向，着眼于政策层面的价值宣讲，对学生创新创业进行宏观指引，把大学生创新创业作为一种政府规划。但是，高校过多强调方向性战略，严格遵从行政制度逻辑，反而轻视校本实际，偏离校史、校情，疏离办学理念、办学特色、自身优势，无法为塑造学生创新创业价值观的认知、情感、意志提供深厚的文化支撑。在这种状态下，高校尚且无法将大学生创新创业完整纳入社会需求系统的循环中，同时也难以将学生创新创业所需的社会资源、实践调查应有的社会环境等必要条件全部引入创新创业教育体系，甚至出现资源的错配，无法形成叠加效应。

虽然近年来国家出台了许多政策来促进大学生参与创新创业，但是目前的各项政策不能完全满足大学生的自主创业需求，各地区经济发展

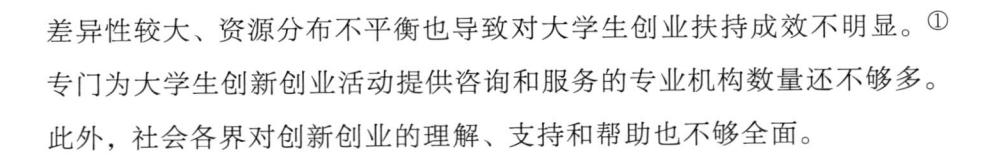

差异性较大、资源分布不平衡也导致对大学生创业扶持成效不明显。①专门为大学生创新创业活动提供咨询和服务的专业机构数量还不够多。此外,社会各界对创新创业的理解、支持和帮助也不够全面。

(二)高校教育认知偏差,培育效果难以保证

目前,高校对大学生创新创业价值观培育的重要性认知仍然存在偏差,高校内部协同不足,教学侧重点失之偏颇,授课内容同质化较为严重,教学方式方法较为单一,师资力量较为薄弱,导致创新创业价值观培育的效果难以保证。

第一,在教育认知方面,部分高校认为当前大学生的主要任务是勤勤恳恳投入专业知识的学习中,不积极鼓励青年学生在校期间参与创新创业工作,甚至认为参与创业会耽误学业。即使开展相应的创新创业课程也只是为了完成上级单位的要求,遑论将社会主义核心价值观充分融入大学生创新创业价值观培育。部分高校教师对于创新创业价值观培育的认知尚显不足,例如,他们认为推动大学生创新创业教育的目的仅限于提升大学生的就业率。这种理解较为片面,未能全面把握创新创业价值观培育的深层意义和价值,没有从促进大学生全面发展的角度,把大学生群体参与创新创业的意义上升到社会、国家对青年学生的殷殷期望和现实需求的战略高度。甚至有教师认为大学生的社会经验尚浅、社会资源不足,在校期间还是要以学习为重,过早给学生灌输创新创业思想意义不大,甚至会给部分学生带来一定的负担。

---

① 张思奇.当代大学生创业价值观变迁的影响因素与应对策略[C]//广东省教师继续教育学会.广东省教师继续教育学会第一届教学与管理研讨会论文集(三),2023:478.

第二，在协同机制方面，高校内部协同不足。由于创新创业教育、思想政治教育、专业教育之间存在价值理念和价值导向的差异，创新创业价值观培育并未真正融入学校教育教学的全过程，其长效机制也没有建立起来。创新创业价值观培育在高校内部的衔接和联动较为松散，并没有形成连贯的培育体系、教学体系、保障体系等。也就是说，创新创业价值观培育没有形成一个共同体，各个要素缺乏协同的自觉性、主动性，无形之中抑制了支撑力量的发挥。

第三，在教学侧重点方面，大多数教师的创新创业教学往往淡化社会主义核心价值观，把重点放在创新创业知识讲解和创新创业技能培训上。他们举办了各种创新创业研讨会，以及分享创新创业经验的活动。然而，这些活动大多仍局限于创业技能、创业心理、当前国家政策和创新创业趋势等方面。调查结果显示，部分高校关于大学生创新创业价值观培育的主要内容体现在倡导理性融资和抗压精神上，而忽略了爱国主义教育、思想道德教育等社会主义核心价值观的思想引导。此外，精神观念、个人品质等方面的培养也尚未得到充分重视和有效实施。如此一来，创新创业价值观无法适当地融入教学过程，学生创新创业的综合素质难以提高。

第四，在授课内容方面，当前创新创业教育缺乏问题导向，缺少特色发展模式，内容重复投入、同质化、低端化等问题严重，"一言堂""满堂灌"等不能选、不可调的传统模式无法满足学生"私人订制"的成长需求，培养出来的人是单一的、无生气的。[1]

---

[1] 李颖,豆颖康.社会主义核心价值观引领高校创新创业教育的思考[J].河北农业大学学报(社会科学版),2022(2):120.

第五，在教学方式方法方面，教学显得有些空泛，教师缺乏相关的实践经验，常常依赖于一些抽象的概念和理论进行教导，未深入挖掘学生的兴趣及社会的真实需求。若理论与实践脱节，将无法正确引导学生应对实际创新创业中遇到的问题，这也可能引发学生的反感和失望。在理论讲授方面也较为枯燥，即使在教学中融入了社会主义核心价值观，教学效果也难以得到保障。教师不仅需要引导学生理解创新创业的深层意义，还需要激发他们对创新创业的热情和执着。

第六，在师资力量方面，当下创新创业价值观培育的师资队伍成分较为复杂。现有创新创业师资多是从其他专业教师、公共课教师或辅导员队伍中遴选而来，还有部分是聘请的企业管理人员或社会上的创业成功人士。师资队伍成分的复杂性致使大学生创新创业价值观培育的质量难以保证。

在这种教育教学模式下，创新创业教育自然就沦为简单粗浅的创业知识传授与创业技能训练，而忽视了创业价值引领，"重术轻道"倾向较为严重。高校将创业价值的认知与认同简单地等同于创业知识与技能的学习与掌握，虽然使学生认识到"创业是什么""如何创业"，但并不能使学生深刻领会"创业应该是什么""什么样的创业才更有意义"，有悖于创新创业教育的真谛。

(三)学生知识能力有限，易受不良价值观影响

随着全球信息化的高速发展，社会思潮呈现多元、多样、多变的发展态势，一些错误思潮暗流涌动、此起彼伏，对大学生产生了潜在的负面影响。大学时期是人生观和价值观形成的关键阶段，但大学生由于生活阅历和知识能力有限，易受到个人主义、享乐主义、实用主义等不

良价值观的侵蚀，导致产生自我意识过强、集体观念薄弱等问题。

首先，个人主义的影响较为突出。创业往往需要团队合作，而团队合作能力是大学生必备的素质之一。团队合作不仅能够提升工作效率，还能促进创新、增强团队凝聚力，推动创业项目顺利进行。然而，现实中大学生的合作意识较为淡薄、协调能力相对较弱。一方面，随着互联网的普及，大学生获取信息的渠道变得更加多元化，可以随时随地获取到来自世界各地的各种信息。这使得他们对数字化和网络过度依赖，减少了与他人交流合作的必要性，也深刻影响了他们的思想观念、行为方式和价值取向。他们思想开放，特立独行，个性鲜明，而对集体活动参与度低，缺乏团队意识、大局观和奉献精神，更关注个人利益的实现，忽视了团队合作的重要性。另一方面，许多大学生从小在家庭呵护下成长，生活条件优越，依赖性强，抗压能力较弱。家庭教育往往偏重知识学习和考试成绩，忽视社会实践能力的培养，导致他们与社会脱节，容易产生自我中心的倾向，较少顾及他人的感受和想法。

其次，享乐主义的影响不容忽视。吃苦耐劳、脚踏实地是大学生创业成功的重要因素，而享乐主义则容易腐蚀大学生的价值观，使他们偏离正确的创业方向。一方面，面对当前激烈的竞争环境和严峻的就业形势，许多大学生倾向于选择公务员、事业单位或国有企业等稳定职业，以减少经济波动带来的风险。虽然这种想法无可厚非，然而享乐主义的渗透使部分学生注重自身享受，好逸恶劳，害怕挑战，安于现状，甚至急功近利，导致创业目标物质化。另一方面，创业成功需要长期的努力和务实的态度，但市场经济对成功者的宣传使大学生更关注光鲜的结果，忽视了背后的艰辛。由于实践机会不足，大学生对创业困难的预估不足，容易陷入现实与预期的反差中，要么过于乐观地期待暴富，要么过于悲观地认为创业会带来破产。创新创业价值观培育应注重培养大学生实事求是、脚踏实地的精神，帮助学生正确认识创业风险与挑战，明确自己的方向和目标，才能合理应对并解决好各种实际问题，一步步走向成功。

最后，实用主义的冲击也值得关注。大学生创业对资金依赖性强，加之大学生法律和风险意识薄弱，容易误入歧途，出现违背市场规则和诚信原则的行为。特别是在创业初期，一部分大学生创业者为了先求生存，可能会通过骗取国家创业补助、钻法律漏洞、逃税漏税、以假冒真、违规毁约等方式谋取不当利益，对社会风气造成不良影响。诚信是道德的立脚点，关乎创新创业活动的持续健康发展，但目前高校对创新创业价值观培育的重视不足，尚未形成良好的诚信教育氛围，导致学生对诚信的认知薄弱。部分学生在物质利益面前容易丧失理念信念，迷失自我，甚至为达目的不择手段，忽视精神追求和道义责任，这不仅阻碍了创新创业价值观的培养，也影响了诚信行为的养成。

第二节 大学生创新创业价值观的方向引领

针对当前大学生创新创业价值观的现状，高校亟须正本清源，从理论层面、现实层面、精神层面纠正大学生创新创业价值观的偏差，使其回归为民造福的人间正道。

一、以科学理论为指引

新时代大学生创新创业价值观应在马克思主义、习近平新时代中国特色社会主义思想、中华优秀传统文化的指引下，朝着有利于国家繁荣富强、社会和谐稳定、个人全面发展的方向发展。

（一）以社会主义核心价值观为引领

社会主义核心价值观基本内容包括富强、民主、文明、和谐、自由、平等、公正、法治、爱国、敬业、诚信、友善。这24个字所蕴含的深刻内涵，不仅体现了国家、社会和个人的整体价值标准，更是引领社会风尚、塑造民族精神的重要标尺。

"培育和践行社会主义核心价值观"在党的十八大作为重大战略任务被提出。为实现这一宏伟目标，2013年12月，中共中央办公厅印发了《关于培育和践行社会主义核心价值观的意见》[1]，明确提出"培育和践行社会主义核心价值观，是推进中国特色社会主义伟大事业、实现中华民族伟大复兴中国梦的战略任务"。该意见着重强调了社会实践对于培育和践行社会主义核心价值观的重要性，同时要求建设能够展现社会主义特点、时代特征、学校特色的校园文化，并构建社会主义核心价值观的网上传播阵地。党的十九大报告鲜明指出，"社会主义核心价值观是当代中国精神的集中体现，凝结着全体人民共同的价值追

---

[1] 中共中央办公厅.关于培育和践行社会主义核心价值观的意见[EB/OL].(2013-12-23)[2024-07-15].https://www.gov.cn/zhengce/202203/content_3635148.htm.

求"①。党的二十大报告进一步强调,"社会主义核心价值观是凝聚人心、汇聚民力的强大力量"②。

作为马克思主义中国化的理论成果,社会主义核心价值观集中体现了当代社会主义主流意识形态。③ 它并非简单的基本价值观,而是深植于社会价值体系和个人价值体系的核心层面,通过一系列明确的价值标准和规范,为一般价值观提供了坚实的支撑与指导。无论时代如何变迁,我们都应当引导大学生积极传播和模范践行社会主义核心价值观。我们需要将社会主义核心价值观的精髓内化为日常行为准则,进而形成坚定的信仰和理念。

深化社会主义核心价值观的培育与实践是一项深远且具挑战性的工作,它要求全社会的广泛参与和不断推动。大学生正处于人生的黄金时期,是"两个一百年"奋斗目标的实现的重要见证者与参与者,代表着国家的未来和民族的希望,他们的价值观念和行为方式对于塑造整个社会的精神面貌具有重要影响。大学阶段正是个人价值观体系形成的重要阶段,而个人价值观体系的塑造受到多种因素的综合作用。当今世界正经历百年未有之大变局,国际环境日趋复杂,大学的使命、高等教育的价值和大学生的思想状态均随之发生了前所未有的转变。我国的社会主义核心价值观体系在经济社会的发展中也面临着多元文化的冲

---

① 本书编写组.中国共产党第十九次全国代表大会文件汇编[M].北京:人民出版社,2017:34.

② 习近平.高举中国特色社会主义伟大旗帜 为全面建设社会主义现代化国家而团结奋斗:在中国共产党第二十次全国代表大会上的报告[M].北京:人民出版社,2022:44.

③ 邱文伟.略论大学生创业价值观的概念、特征及建构诉求[J].创新与创业教育,2017(3):32.

击，尤其是西方意识形态的渗透、多元网络舆论的消解对社会大众特别是青年学子产生的诸多负面影响。在此背景下，对于教育对象的塑造、教育方法的探索和教育目标的定位，不仅关系到党和国家的前途命运，更成为我国社会主义教育事业面临的关键问题。

创新创业价值观是社会主义核心价值观在创新创业领域的具体化呈现。① 在大学生创新创业价值观培育中，高校需要以社会主义核心价值观为指引，引导学生构建以理想信念和优良品德为核心的创新创业价值观，确保个人价值取向与社会主义核心价值体系相一致。高校要为创新创业价值观培育提供良好的环境和条件，引导青年学生在感性认知的基础上逐步形成理性认同，最终在实践中内化这些价值观念，提升大学生的价值判断能力和行为选择能力。如此，将有助于学生坚定社会主义理想信念，形成维系社会和谐的精神体系，同时也契合马克思主义所追求的核心价值目标，即促成人的自由而全面的发展。

（二）以"人的全面发展"为目标

人的全面发展不仅是马克思主义理论的精髓，也是人类社会的最高目标。马克思主义将人的全面发展阐释为："人以一种全面的方式，就是说，作为一个完整的人，占有自己的全面的本质。"② 人的全面发展是对人的片面发展的克服，指人的劳动能力、社会关系和个体素质的全面提升，以及人的自由个性的充分展现，归根结底是对人的本质的全面回归和占有。具体而言，人的全面发展包括人的能力的全面发展和人

---

① 王占仁,孔洁珺.中国高校创新创业价值观教育研究[J].国家教育行政学院学报,2019(10):23.

② 马克思,恩格斯.马克思恩格斯文集:第1卷[M].北京:人民出版社,2009:189.

的社会关系的全面发展。前者是指人的智力和体力的充分发展，包括各种潜能和能力的提升。后者是指个人在社会关系中的自由和发展，包括个人与他人、社会和自然的和谐关系。

马克思认为，教育与生产劳动相结合是造就人的全面发展的唯一方法。教育是培养人的全面发展的重要途径，而生产劳动则是实现人的全面发展的必要条件。通过教育与生产劳动结合，可以更好地发挥人的潜能，提高学生的实际操作能力和创新能力、增强学生的社交能力、促进个人发展与社会需求的对接，培养出既有理论知识又有实践能力的全面发展的人。创新创业教育是将教育与生产劳动相结合的典型代表，以培养学生的创新意识、创造能力和创业精神为目标，进而全面提升大学生的综合素养，促进大学生的全面发展。创业不仅需要创业者掌握传统领域的专业知识和基本技能，还需要掌握风险管理、机会识别、资源整合等创业领域的特殊技能，更重要的是将这些知识和技能创造性地运用于创新创业过程，实现理论和实践的对接，知识和能力的嫁接，从而培养个体的主动性、创造性和自主性。新模式、新业态、新产业的不断涌现加大了对复合型、创新型和应用型人才的需求，促使我们更加重视创新创业教育，重视大学生创造性潜能的挖掘和培养，为建设创新型国家、提高国家竞争力聚力赋能。作为创新创业教育的重要组成部分，创新创业价值观培育能够引导大学生正确认识"为什么创新创业""什么样的创新创业更有意义""怎样创新创业"的问题，明白创新创业对于个人和国家的意义，深化对创新创业价值的认知和认同，培养勇于创新的探索精神和敢闯会创的意志品格，最终实现人的全面发展。

（三）以人民利益为核心

利益是指人类用来满足自身欲望的一系列物质、精神的产品。追求利益不仅是为了满足个人的生存需求，也是推动个人和社会发展的原始动力。在不同时代、不同社会和不同社会阶层中，人们对待和处理各种利益的基本观点和态度不同。在封建社会，利益被视为统治阶级的专属特权，导致个人利益追求受到压制。资本主义社会在打破传统社会的利益禁忌的同时，却走向了财富异化的困境。资本主义试图放大个体对利益的追求，为其建立剥削关系进行道德辩护。

创业是创造价值的过程，也是实现自我价值的过程。人们对于创业的利益观直接影响着他们参与创业的积极性，拥有不同的利益观是个体价值取向的体现。西方国家通过宣扬新自由主义鼓吹个人利益至上，强调任何集体必须最大限度满足个人利益，影响了人们对集体主义的认识和理解，导致自我利益的膨胀，甚至产生极端的个人主义。我们应该批判并超越资本主义利益观，以更科学、理性的态度看待创业过程中的利益问题，既不应忽视人的本能，也不应将其简化为纯个人主义的追求。

马克思主义主张的"利益"是人民的利益，是群众的利益。大学生创新创业价值观培育的利益观应是以人民利益为核心的利益观，坚持个人与社会的辩证统一。经济利益是一种被普遍追求的价值，我们应当正视经济利益的存在及其合理性，不能妖魔化或忽视人对利益的本能趋向。在承认个人利益观的合法性和合理性的同时，也承认利益在激励个人劳动热情方面的建设性作用，其往往是启动创业的直接动力。同时，也要强调理性追求利益与纯粹自私之间的区别，主张在追求经济利益的同时避免以自我为中心。此外，还要谴责以牺牲他人或社会价值为代价来创造个人价值的行为，强调在追求个人利益的同时，必须保证所有社会成员都能享受到富足充裕的物质生活和充分自由的精神生活。

大道之行，天下为公。以人民利益为核心的思想不仅是马克思主义中国化的核心理念，也是社会主义建设的根本价值准则。我们应当通过教育引导大学生正确看待创新创业过程中的利益问题，让他们明白，在追求利益的同时，必须尊重他人的权益和社会的价值。只有这样，我们才能培养出真正有社会责任感和创新创业精神的年轻人，为社会的繁荣和发展作出积极的贡献。

二、以社会现实为基础

大学生创新创业价值观根植于现实社会土壤，同时又以价值目标和评判准则的身份反哺现实。在塑造和构建大学生创新创业价值观时，必须紧密结合大学生所处的社会发展阶段和具体现实背景，实现创业理想与社会现实的有机统一。一方面，大学生需要从客观环境出发，深入了解当前经济发展方向、国家战略规划等宏观环境。在此基础上，审视自己的创业方向是否与大环境相适应，从而构建与之相适应的价值目标。另一方面，大学生需要从市场需求出发，脚踏实地调研真实的市场和社会环境，清楚创业活动的责任、义务和社会价值，从而建立起科学合理的创业理想，并对自身的创新创业活动作出清晰合理的判断与定位。

（一）以服务社会为担当

当代社会，大学生创新创业不仅仅是追求经济利益的行为，更是一种对社会的责任和贡献。我们需要意识到，创新创业不仅可以改善自己的生活质量，还可以为社会带来积极的变革。"不只是要解决物质生活的需要，还要满足美好生活的需要；不仅要解决生产力落后的问题，还要解决发展不平衡不充分的问题。通过创新创业推动经济社会发展、改善民生。"[1]大学生创业者的价值观逐渐从追求个人利益扩展到关注社会问题和人类福祉。因此，塑造以服务社会为导向的价值观显得尤为重要。

在大学生创新创业中，以服务社会为导向的价值观已经成为一种时代潮流。通过对社会问题的认识和回应，大学生创业者们在商业创新中彰显出了民族精神。这种价值观不仅让创业者更具使命感和责任感，让他们的创业之路更具有意义，也可以吸引到更多社会力量的支持和帮助。

创新创业不仅是为了追求个人利益，更是为了满足社会的需求。环保、健康、教育等领域都可以成为大学生创业者关注的焦点，将创新创业和社会责任紧密结合，努力为社会带来积极的改变。以健康食品为例，大学生创业者可以选择创办有机农场或健康食品公司。在产品生产过程中，选择优质的原材料，采用科学的生产工艺，将社会责任融入产品生产的每一个环节，致力于打造满足大众需求的绿色、健康、安

---

[1] 王占仁.创新创业教育与大学生社会责任感培养[J].高校辅导员，2018（1）：19-20.

全产品，从而实现商业价值与社会价值的双赢。

创新创业不仅是为了实现个人梦想，更是为了创造更美好的社会。通过将社会责任融入创新创业的方方面面，青年大学生创新创业群体在实现经济和商业成功的同时，也能为社会的正向发展贡献力量。例如，大学生创业者可以利用技术手段帮助农村地区解决饮水问题。通过调研深入了解当地情况，依托高校科技创新优势，研发合适的水处理设备，同时进行社区宣传，增强居民的环保意识，从而改善农村地区的饮水问题，改善农村居民生活质量。

综上，在大学生创新创业价值观培育中，应该引导大学生树立服务社会的价值观，将社会责任纳入创新创业的核心目标中，使大学生创业者认识到创新创业不仅仅是为自己谋生，更是为社会创造价值，为人们提供更好的产品和服务。

（二）以市场需求为导向

选择合适的项目并全面规划是创业成功的关键。归根结底，创业的成败主要取决于市场需求，其次才是创业企业所能提供的产品或服务质量。

市场是检验项目的终极标准。在选择创业项目时，需要进行深入的调查和分析，充分考虑各种因素，掌握诸如市场的需求、市场的规模、产品或服务的潜在购买者，以及竞争对手的优劣势等信息，以确定项目实施是否具有市场机会。无论是销售日用品、家电、汽车、住房、机械、零配件、原材料，还是组织技能培训、从事慈善事业，都是社会需求的具体体现，有些甚至是不可或缺的。

从诸多大学生创新创业失败的案例中不难发现，许多创业者由于年纪轻、阅历少、经验缺，在选择项目时容易鲁莽、冲动，他们根据感性认识，草率地选择产品时尚、概念时尚、行业热门的创业项目，却在生产实施过程中发现产品并不被市场接受，最终创业失败。选择创业项目时必须符合市场规律，注重社会需求。市场需求越大，说明创业项目受到的限制越少，成功的可能性越大。所有服务项目都应从市场实际出发，实事求是，切忌凭空想象，但也要避免模式僵化，生搬硬套。

要想成为一名成功的创业者，必须具备敏锐的市场洞察力和商业敏锐性，能够抓住市场变化的脉搏，洞察消费者的需求和竞争对手的动向。这种能力既可以帮助创业者更好地把握市场机会，又可以令其准确预测未来的发展趋势，从而作出更加明智的商业决策。

创业者如果能够针对人们所抱怨的问题提出适当的切实可行的解决方案，及时关注社会中某些群体的困境，或者是致力于解决某些企业面临的难题，那么他们成功的概率也就会相应地大大增加。爱迪生一生共有近2000项发明，如留声机、电灯、活动电影放映机等，都为人们的工作和生活提供了极大便利，而他创办的爱迪生照明公司正是如今世界闻名的通用电气的前身。只要创业者善于观察和分析人们在工作和生活中遇到的困难，及时发现不同顾客的不同需求，可以说处处都存在创业机会。

选择适当的项目并全力以赴抢占先机，然后步步为营有序开展。在创业的过程中，遵循市场经济原则，尊重价值规律，密切关注市场需求，保持敏锐，随机应变，提供量身定制、有高度针对性的服务，便能从市场中获得相应的回报。许多创业者通过这样的策略最终取得了成功。

在受政策扶持的行业中，那些紧密贴合政策导向的创业项目，往往能够获得税收减免、管理简化、场地租赁优惠、资金支持、人才引进、专业服务等多方面的政策倾斜。对于有志于创业的大学生而言,选择国家政策支持且具有广阔发展前景的行业是至关重要的。这些行业目前包括但不限于人工智能、新能源及节能领域、生物医药、互联网与计算机高新技术,以及精细化工等。当创业项目与国家的产业导向高度契合时,其成功的概率将会显著提升,反之则可能面临较大的失败风险。

此外,政策环境的变化也可以直接带来创业商机。政策导向正是当前我们国家服务社会所倡导的方向和具体内容,跟随政策创新创业不仅是服务社会导向的具体落实,也是更接近利益最大化的商业运作思路。因此,跟随政策优势的创业者无疑是明智的。

三、以精神品质为根本

"人是要有一点精神的",良好的精神品质对创新创业实践有重要意义,只有在良好精神品质的支撑下,创业者才能克服重重困难,实现创新创业梦想。

(一)以理想信念为动力

理想信念是一种必须牢固树立且不可或缺的精神品质,也是人们所有行动的重要推动力量。拥有坚定的理想信念可以帮助人们及时调整自己的行为和精神状态,克服遇到的困难和挫折,并最终取得成功。反之,则会导致一事无成。

毫无疑问,激情是大学生创新创业的原动力,但仅有激情是不够的。因为在创业过程中,每一步都伴随着不确定性和挑战,遭遇困难、挫折甚至失败是无法避免的。许多大学生有创业的动机、创业的兴趣，却在创业道路上难以坚持。尤其是年轻的大学生创业者，他们踏入创业领域时，自身的阅历和经验不足，对创业过程中的风险和困难还没有全面的认知和娴熟的应对方法，容易半途而废。究其原因，是缺乏坚定的理想信念。

由于社会正处于转型期，各种配套服务尚不够完善，融资渠道和金融环境也正处于调整阶段，这就使得创业者面临着巨大的压力，需要应对更多的风险和挑战。创业者能否在这些境遇中坚持下来，往往决定了他们能否取得事业成功。

因此，在大学生创新创业价值观培育中，应该引导学生建立"创业型人生"的理想信念，指导并调节自身的创业目标和行为准则，在创业之路上不畏艰难，勇往直前。只有这样，才能在激烈的市场竞争中脱颖而出，赢得一席之地。

（二）以品德修养为内核

大学生创业者具备良好的品德修养对于创业成功至关重要。良好的品德修养不仅影响个人行为和决策，还直接关系到企业的长远发展和社会的认可度。

2014年"五四"青年节，习近平总书记在与北京大学师生座谈时，为广大青年指明了前行的方向，提出了"勤学、修德、明辨、笃实"的殷切期望。这四个词，不仅是对青年一代的期望，更是对青年一代成长的引导。

"勤学"，体现了对学习的持续追求和积极态度，将学习视作一种生活方式，不断探索、不断进步。勤学强调扩充基础知识，获得真正的学习能力，磨炼卓越的技能，所有这些都应成为每个年轻人追求的人生目标。

"修德"，说明道德教育和道德实践的重要性。蔡元培曾强调道德在个人和社会中的关键作用，他说："若无德，则虽体魄智力发达，适足助其为恶，无益也。"在重大自然灾害发生时，经过长期道德教育的战士往往会冒着生命危险冲在最前面，舍生忘死，他们英勇奉献的身影展示了他们道德修养。

"明辨"，强调的是青年要提升自己的价值判断能力和增强道德责任感。在这个信息爆炸的时代，我们每天都会接触到各种各样的信息，如何从中筛选出真实、有价值的内容，这就要求青年一代不断学习、修身，具备明辨是非的能力。"明辨"是青年成长道路上不可或缺的品质。青年一代要时刻保持清醒的头脑和独立的判断，积极参与社会实践，关注国家大事和民族命运，要明晰辨别真善美和假恶丑，秉持善念，实践善行。

"笃实"，就是要扎扎实实干事、踏踏实实做人，既要在实效上见勤学的成绩，更要在实效上见修德的业绩。中国梦需要青年接力奋斗才能变为现实。青年要担当起时代赋予的重任，任何时候都不能抛弃艰苦创业精神。"道不可坐论，德不能空谈。"青年们要把所学知识转化到实践活动中，在实践中增长才干、锤炼本领，做到知与行的统一；要把艰苦环境作为磨炼自己的机遇，坐得住凳子，沉得下心思，一步一个脚印往前走；要将自己的人生价值融入社会主义核心价值观中，于实处用力，方能创造出无愧于党和人民重托的业绩。只有这样，才能在这个充满挑战和机遇的时代中不断成长、进步。

总之，大学生创业者要勤奋学习增长智慧，修身养德树立良好品德，明辨是非保持正确心态，笃实力行实现人生价值，紧跟时代潮流，成就一番事业，为实现中国式现代化、推动社会进步和发展贡献力量。

第三章　大学生创新创业价值观培育的基本遵循

要使大学生拥有正确的创新创业价值观，就要在创新创业教育过程中，把解决"知"与"行"的问题贯穿始终，既从认识层面强调应该"教什么"，又从实践层面强调应该"怎么教"，并遵循一定的原则，树立人才培养的正确导向。

价值观的培育并非一蹴而就的，应有序推进、逐步深入。教师要精心引导和栽培，尊重青年天性和特点，了解大学生思想动态和价值取向的变化、行为方式和生活方式的改变等，使大学生明白自己在历史进程中所担负的使命和重任以及在创业过程中可能遭遇的困难和挑战，鼓励他们勇于开拓创新，找到新的发展思路。此外，在对大学生进行创新创业价值观培育的时候，应该积极借助各种手段，使大学生在创新创业的过程中，不断作出既符合个人追求也符合社会追求的选择，令大学生在发展自身的同时，也不忘建设社会主义的伟大使命。[1] 只有这样，大学生创新创业价值观培育才能真正做到因势利导，以思想为引

---

[1] 赵杨.创新创业实践与应用型高校人才培养研究[M].北京：中国纺织出版社，2022：142.

领，筑牢信念的基石，从而培养出具有坚定理想信念和高尚道德品质的社会主义建设者和接班人。

第一节 大学生创新创业价值观培育的主要内容

大学生创新创业价值观培育的特殊性决定了其教育内容的针对性，不仅要体现创新创业教育的内容，又要体现价值观培育的核心。大学生创新创业价值观培育应当是一个综合性的教育过程，既注重创业技能的培养，也强调正确的价值观引导，不仅关注能力提升的过程，也关注精神品质内化的过程，以确保学生在未来的创新创业活动中不仅能够收获成功，也能为社会作出积极贡献。

一、创业精神培育

辩证唯物主义认为，物质与精神是辩证统一的关系。创业精神作为一种意识形态、一种精神力量，是创业者进行创业活动的潜在动力。它激励着人们爱国爱家、艰苦奋斗、大胆革新，对创新创业这一价值创造过程起到巨大的推进作用。

(一)弘扬爱国主义精神

爱国主义是流淌于中国人民身体里的血脉基因，是中华民族精神谱系的内核，是实现民族复兴最深厚的底蕴。爱国主义是一种情感，也是一种责任，其所引导的道德规范和价值取向是激发各行各业的创造者振兴中华、艰苦奋斗的内在动力。

第三章 大学生创新创业价值观培育的基本遵循

改革开放以来，一大批优秀企业家在波澜壮阔的历史进程中迅速成长，一大批具有核心竞争力的企业不断涌现，企业创新主体地位不断增强，为促进经济社会发展作出了重要贡献。2019年5月16日，美国商务部以国家安全为由，将华为及其70家附属公司列入出口管制"实体名单"，禁止美国企业向华为出售相关技术和产品，意图遏制中国高科技发展，维护其在全球高科技领域的领先地位。面对美国的封锁与打压，华为加大了在芯片和操作系统等关键技术领域的研发投入，打了一个漂亮的绝地反击战。一方面，华为推出了自研的鸿蒙操作系统，并成功将其应用于智能手机和其他设备上，减少了对外国技术的依赖；另一方面，华为通过与中国本土半导体企业的合作，逐步克服了先进制程工艺的获取限制，并保持了AI芯片的产能。2021年9月25日，经过1028天的艰难抗争，被非法扣押的孟晚舟终于回到祖国。她在深圳宝安机场深情表示，"如果信仰有颜色，那一定是中国红"。面对不公和构陷，她从未想过放弃，即便身陷囹圄，她依然不卑不亢，挺直脊梁。从任正非和孟晚舟身上，我们看到了华为的民族气节与企业责任，看到了中华儿女的坚韧与骨气，更看到了中国企业家的爱国之心与担当作为。

在以工业一体化、工业智能化和互联网产业化等先进科技为代表，以人工智能、清洁能源、无人控制技术、量子信息技术、虚拟现实为依托的第四次工业革命的背景下，实施创新驱动发展战略、加快推进科技自立自强成为推动中国高质量发展的关键力量，更是实现国家现代化、提升人民生活水平的必由之路。从"创新是引领发展的第一动力"到"释放全社会创新创业创造动能"，习近平总书记为创新发展注入强大的思想动力;从"青年学生富有想象力和创造力,是创新创业的有生力量"①到"青年人是全社会最富有活力、最具有创造性的群体,也是推动创科发展的生力军。要为青年铺路搭桥,提供更大发展空间,支持青年在创新创业的奋斗人生中出彩圆梦"②,习近平总书记对青年人投身创新创业擘画蓝图;从"希望你们扎根中国大地了解国情民情,在创新创业中增长智慧才干,在艰苦奋斗中锤炼意志品质,在亿万人民为实现中国梦而进行的伟大奋斗中实现人生价值,用青春书写无愧于时代、无愧于历史的华彩篇章"③到"让理想信念在创业奋斗中升华,让青春在创新创造中闪光"④,习近平总书记对青年人在创新创业中展示才华、服务社会寄予厚望。

在全面建设社会主义现代化国家的新征程上,融入国家发展大局,主动担当、奋发有为,是新时代赋予大学生的光荣使命。如果没有对国家、民族和人民的热爱,没有对社会责任的自觉担当,就很难焕发出大学生持续、强劲的创造动力,很难实现更高层次的创新创业成功。新时代开展爱国主义教育,要着眼于学生的自身实际,在创新创业中弘扬爱国主义精神,以创新创业行动促进爱国行为养成,引导学生辨析社会、个人、价值、理想与创新创业的关系,将个体的创新创业实践与国家富强、民族振兴、人民幸福融合起来,创造出不愧于时代的业绩。

---

① 习近平.习近平致2013年全球创业周中国站活动组委会贺信[EB/OL].(2013-11-8)[2024-12-30].https://www.gov.cn/ldhd/2013-11/08/content_2524400.htm.
② 习近平.习近平考察香港科学园[N].人民日报,2022-07-01(1).
③ 习近平.习近平回信勉励第三届中国"互联网+"大学生创新创业大赛"青年红色筑梦之旅"的大学生[EB/OL].(2017-08-16)[2024-12-30].https://www.gov.cn/guowuyuan/2017/08/16/content_5217972.htm.
④ 习近平.在纪念五四运动100周年大会上的讲话[N].人民日报,2019-05-01(2).

（二）发扬艰苦奋斗精神

毛泽东同志明确指出，"我们民族历来有一种艰苦奋斗的作风，我们要把它发扬起来"[1]。"艰苦奋斗"是创新创业价值观的重要组成部分，它代表了创业者的一种精神风貌和价值追求。当一个人在艰苦的环境中不断奋斗，他的潜力会得到极大激发，能力也会提高，不仅能够帮助他在创新创业的道路上取得成功，更能够帮助他在人生的其他方面取得成功。艰苦奋斗精神并不是指一味地埋头苦干，而是在追求目标的过程中，即使面临挫折和困难，也能够坚持不懈地努力。

近年来，关于"积极"还是"佛系"、"行动"还是"躺平"、"奋斗"还是"摆烂"的思想交锋时有出现，若不及时纠正这些思想误区，可能削弱大学生的创新创业热情，进而影响社会创新活力和国家发展质量。历史和现实的经验也告诉我们，创业维艰。大学生创新创业的实践也充满风险、艰辛。无论是创业初期、中期还是后期，整个过程都伴随着不确定性。特别在当前经济环境大变动的形势下，大学生创业面临巨大挑战。大学生创业者不仅要冷静分析、慎重选择创新创业项目，更要具有"咬定青山不放松"的毅力和"千磨万击还坚劲"的韧劲，直面创新创业过程中的艰辛，始终保持艰苦奋斗的精神，在困难中磨炼意志，砥砺前行。

艰苦奋斗也是一种对社会责任的担当。创新创业不仅是为了个人利益，更是为了社会的发展和进步。在创新创业的过程中，需要承担起一定的社会责任，这种责任不仅体现在产品和服务上，更体现在对员

---

[1] 许全兴.毛泽东与孔夫子[M].北京：人民出版社，2020：319.

工和社会的态度上。只有那些勇于承担责任、不断努力的创业者,才能够在社会中获得认可和尊重。真正的企业家有着清晰的目标,他们为自己定下富有挑战性的目标并全力以赴地去实现它。正因为有着理想的驱动,有着艰苦奋斗的精神,企业家才得以改造世界,为人类的福祉作出贡献。

大学生在创新创业路上会遇到许多困难,必须要在思想与行动上做好艰苦奋斗、战胜困难的准备,把困难当机会,把吃苦当财富,主动到条件艰苦的基层、国家建设的一线,开辟事业发展新天地。

(三)着力培养创新精神

创新精神是创业精神的灵魂,创业精神是创新精神的体现和发展。创业过程就是将新的理念和设想通过新的产品和服务有效地融入市场,进而创造出新的价值的过程。创新精神是一种精神力量,激励着人们不断推陈出新,创造出更多的生产力,推动社会各领域的发展和进步。

创新必须成为创业者和企业家的本能。熊彼特关于创业者和企业家是从事创造性破坏活动的创新者的观点,凸显了创业精神的实质和特征。他指出一个企业最大的隐患,就是创新精神的消亡。但创新不是"天才的闪烁",而是创业者和企业家辛苦工作的结果。创新是创业者从事创业活动的典型特征,从产品创新到技术创新、市场创新、组织形式创新等,无不闪烁着创新精神的光芒。[1] 以全球知名的无人机品牌大疆为例,该公司是全球领先的无人机控制系统研发和生产商,凭借其拥有的核心竞争力,在全球无人机市场的占有份额已经超过了80%,掌

---

[1] 许勋恩.创业基础[M].厦门:厦门大学出版社,2017:77.

第三章　大学生创新创业价值观培育的基本遵循

握了全球70%的专利技术，市值高达1600亿美元，被誉为无人机领域的"苹果公司"。大疆之所以能在短时间内迅速崛起并主导市场，关键在于其始终坚持技术独立和持续创新。每一代产品都在核心技术上进行革新，确保了产品质量和安全性远超同行。通过不断推动技术进步，大疆不仅引领了无人机行业的发展，还大幅拉开了与竞争对手的差距。

创新是对既有事物的扬弃，即否定与超越。创新的首要前提是必须具备质疑与批判精神。这体现了创业者的独立个性和意识判断，而不是盲目接受。它有助于创业者从盲目接受信息转变为独立分析和理解信息，从而作出更加睿智的选择和明智的决定。

创新意味有科学精神。创新是以科学性为基础的，是遵循科学规律的活动。它并非毫无现实依据的幻想，亦非无视客观规律的为所欲为。科学精神是实事求是的精神，是勇于追求真理的决心，是创新精神的基石。科学精神强调一切从实际出发，将主观能动性与客观现实性相结合，反对虚假，注重实效。它要求人们在从事各种创造性活动时，不以想象、喜好或愿景来代替现实，而是以客观现实为基础，依托各种事实、实验和实践来作出判断，以确保自身的创新性行为符合客观规律。

创新意味有开拓精神，要求人们勇敢地探索未知领域，积极寻找并开拓创新的可能性。开拓精神，是一种不满足于现状，始终保持对未来的憧憬和追求的精神。它鼓励我们不满足于现状，不固守过去，而是以积极的态度面对世界，不断打破纪录，挑战极限，永不停止前进的步伐。在创新的道路上，只有通过不断探索和尝试，才能找到新的方法和途径，才能推动事业不断向前发展。

创新意味着有冒险精神。"现代管理学之父"德鲁克（Peter Drucker）指出，创新带有独特的风险和内在的不可预知性，充满变化和难以掌握的突发情况。创新本身就被视为一场冒险，这就要求我们具备冒险精神。这种冒险精神主要体现在创新过程中不怕失败，甚至在失败中寻找成功的机会。但是，冒险精神并非盲目的冲动，而是与科学精神相协调的一种探索精神。它是以理性和冷静为基础的冒险精神，是构建于多种"保障"之上的冒险精神。因此，我们鼓励冒险精神，同时也需要培养理性地对待风险、控制风险的能力和敢于承担失败的后果与代价的勇气与底气。

创新成果需要在商业活动中实现，因此商业精神是实现创新的关键因素之一。创新并非简单地追随潮流，而是一种需要经济考量的行为。创新的核心在于权衡资源的投入、整合和使用，以确定所能创造的价值。在商业领域，创新旨在改变产品和服务，为客户提供价值和满意度。这种商业化不仅可以解决市场问题，还可以为顾客创造新的生活方式，为自身带来商业利润。以纸巾为例，以前人们随身携带手帕，但同时也带来了不卫生和清洗不方便的问题，于是人们找到一种低成本的方法来解决此类问题，即将手纸切开，包装成小袋，随身携带，用过就扔掉。这个需求是每个人都有的，而这种产品也改变了人们的生活方式。因此，商业精神是将创新视为实现商业回报、促进技术发展、推动社会进步的手段，而非刻意追求创新。如果忽略了创新精神中的商业理念，就可能导致创新变得形式化，造成资源浪费。

二、创业品质塑造

创业品质指创业实践过程中对人的心理和行为起调节作用的个性特

第三章　大学生创新创业价值观培育的基本遵循

征,是人在创新意识的驱动下所展现出的综合意志品质。良好的创业品质会为创业者注入源源不断的动力,使得他们在激烈的竞争环境中生存并逐渐走向成功。

(一)坚定创业信念

信念、信仰、理想是居于支配地位的、核心的价值观念,是价值观的集中体现。有什么样的信念、信仰,就有什么样的理想。创业信念是一种强大的精神力量,对于个人和国家的发展都至关重要。在不同的历史时期,这种信念的表现形式也有所不同。在革命战争年代,它代表的是坚定不移、百折不挠的前仆后继。在社会主义革命和建设时期,它象征着兢兢业业的辛勤工作和满腔热情。而改革开放之后,它是敢为人先、奋发有为的缩影。

在大学生创业活动中,创业信念指的是大学生对创业实践所形成的认识、看法、见解,并坚信其真实性和有效性的心理倾向。[1] 创业信念不是只存在于创业之始,而是贯穿整个创业的始终,并在创业过程中不断深化、巩固和提高。坚定创业信念,就是要让学生树立坚定不移地开创生存发展之路的信念,坚定对实施创新驱动发展战略、建设创新型国家的信心,积极发挥自身潜能和创造活力,不懈探索,施展作为,在创造社会价值的过程中实现人生理想。

创业信念植根于深厚的信仰。信仰是对具有最高价值的对象的高度信服和景仰,也表现了主体对未来美好生活的期盼与憧憬。对创业

---

[1] 陈昊.在线教育背景下大学生创新创业教育有效性研究[D].重庆:重庆交通大学,2014:54.

的信仰源于对马克思主义、社会主义和共产主义的信仰。它与追求最高价值理想——实现人的全面发展相一致。因此，必须将创业从狭隘的定义中解放出来，增强大学生对创业的理论自信。从本质上讲，创业不仅仅是创办企业，还是一种创造性劳动，是促进价值自觉的核心活动。

理想是信念的具体化，引导学生树立正确、崇高、进步的创业理想至关重要。正确的创业理想是创业路上的指路明灯，而错误、低级、落后的创业理念则会侵蚀人的斗志，腐蚀人的灵魂，使人误入歧途，或在创业道路上犹豫不决、迷失自我。大学生创新创业价值培育不仅要帮助他们树立创业理想、明确创业方向，还要将这些理想与知识、理智有机结合起来，为个人和社会的发展提供精神力量。

（二）培育诚信品质

创业并不仅仅是商业的追求，更是价值观的体现。习近平总书记强调，"要培育文明健康、向上向善的诚信文化，教育引导资本主体践行社会主义核心价值观，讲信用信义、重社会责任，走人间正道"①。在当下瞬息万变的商业环境中，诚信与正直成为创业者最坚实的基石。诚信作为一种商业精神，不仅是创业者与合作伙伴、客户之间的连接，更是企业品牌价值的重要体现。创业者要以真实、诚恳的态度对待每一次商业活动，以取信于人的实际行动树立企业的良好形象。40年前，海尔集团创始人张瑞敏在众目睽睽之下带头砸烂76台有瑕疵的冰

---

① 习近平.习近平在中共中央政治局第三十八次集体学习时强调 依法规范和引导我国资本健康发展 发挥资本作为重要生产要素的积极作用[N].人民日报,2022-05-01(1).

第三章 大学生创新创业价值观培育的基本遵循

箱,一锤又一锤砸醒了员工的质量意识,虽然冰箱毁了,但是诚信为本、质量至上的理念从此深深地烙印于所有员工的心中。这一砸,砸出了"中国的海尔、世界的海尔",砸出了中国品质的典范。

在商业活动中,诚信的创业者视承诺如生命。"信用就是金钱。"无论是对客户的交付承诺,还是对合作伙伴的合同约定,都要一丝不苟地遵守。这不仅是对他人的尊重,更是对自己信用的坚守。诚信的创业者从不夸大产品或服务的优点,而是以实事求是的态度呈现产品特点,使客户能够了解产品的真实价值。这种诚实的宣传不仅树立了企业的信誉,还为客户提供了真正有价值的解决方案。诚信的创业者坚守道德底线,拒绝通过任何不正当的手段获取商业利益。他们清楚地知道,一时的不正会带来长久的损害,他们始终以清正廉洁的态度行事,确保企业的长远发展。

诚信正直不仅是道德要求,更是商业智慧。诚信正直的创业者以身作则赢得员工的尊重和信任,这种尊重和信任加强了团队的凝聚力和创造力。他们的品德和行为影响着整个企业文化,为企业树立了榜样。而员工在这样的文化环境中将受到正向的影响,进而推动企业的长远发展。合作伙伴愿意与这样的创业者合作,不仅因为业务的互补性,更因为他们能够建立起真诚的合作关系,共同推动彼此事业的发展。

无论在商业领域还是文化事业中,诚信正直都是取得成功的关键因素,不仅帮助创业者赢得了信任和声誉,更为他们的创业道路增添了光彩。在创新创业价值观培育中,要积极引导大学生践行诚信正直的创业之道。

首先,创业者应不断进行自我反思,审视自己的言行是否合乎诚信正直的标准。这需要创业者具备自我审视的勇气，发现不足之处并及时调整。另外，创业者应根据自己的价值观设定明确的商业原则。无论面临何种情况，都应依循这些原则作出正确的商业决策，保持诚信正直的行为。诚信正直的创业者应培养坚韧的品质，坚持正确的道路，不因困难而动摇。

其次，创业者应持续学习，了解商业伦理和法律法规，确保自己的商业行为合乎规范。持续学习能够帮助创业者更好地应对复杂的商业环境。创业者可以从身边的榜样身上获取力量，学习那些以诚信正直为基石而取得成功的企业家，从他们的经验中汲取智慧，指导自己的创业实践。

诚信正直的创业品质不仅是商业成功的保障，更是品德和精神的传承。在大学生创新创业价值观培育中，培养诚信正直的创业者，既是培养高素质的创新创业人才的需要，也是构建和谐繁荣的社会的需要。

三、创业能力锻炼

创新创业价值观培育的精髓是以大学生全面发展为核心，培养创业精神，锤炼创业品质，提升创业能力，在实践中塑造自己的创新创业价值观。创业能力是学生个体创业发展的本质体现，大学生创业者不仅"敢闯"，还要"会创"。个人的创业能力和发展水平，特别是解决创业中实际问题的能力大小，是其个体创业价值、创业活动、创业发展水平的最本质的外在体现。[①] 缺乏能力可能导致价值观沦为"空中楼

---

① 林文伟.大学创业教育价值研究[D].上海:华东师范大学,2011:135.

阁"。提升大学生的创业能力是开展创新创业价值观培育的重要任务，也是实现创业理想、达成创业目标的重要保证。

（一）增强逻辑思维能力

底层逻辑指的是事物间的共同点，是不同之中的相同之处、变化背后不变的东西。了解创业的底层逻辑，人们将能够更好地把握市场趋势和商业机会，为创业提供强大的支持。创业的底层逻辑还包括创造性思维、市场需求、团队建设、财务管理、风险管理、创造价值、持续学习、适应变化、抗压能力、耐力和反弹力等，这些因素相互作用，共同构成了创业成功的基石。

在创新创业活动中，创造性思维至关重要，其本质是对既有认知素材的重新编排。思维重组的效能越强大，所能产出的创造性成果就越丰富，创业价值亦随之提高。据美国纽约州立大学布法罗分校创新研究中心的研究，每个人都有潜在的创造性思维，并且这种思维可以通过适当的培训和实践得以发展。创业能力的培养，首要任务在于激发和培育创造性思维。创造性思维具有一系列鲜明的特征，包括积极寻求差异、敏锐观察、富有创意的想象、独特的知识结构和活跃的灵感与直觉等。这些特征在创业过程中发挥着关键作用，有助于人们打破传统思维定式，识别市场中的潜在需求，开发出创新的产品和服务。

信息获取和处理能力也对创业活动具有重要影响。科学技术的飞速发展，知识爆炸性地增加，促使人们不断地进行知识更新，这对人们的思维活动提出了更高的要求。人们需要快速对信息进行分析处理，并高效完成从发现问题到解决问题的过程。唯有具备批判性和创造性的思考能力，敢于打破常规，方能保持领先地位。

成功的创业活动还需要对商业信息保持高度的敏锐性，时刻关注市场变化、行业动态和消费者需求，以便及时调整自己的商业策略。同时，人们还需要具备分析市场趋势的能力，从而把握商业机会，作出正确的决策。在创业过程中，还需要具备良好的项目运作能力和团队合作沟通协调能力，沟通内容涉及市场调研、产品设计、生产制造、营销推广等各个环节，需要不停地发现问题、解决问题。这些均对创业的创造性思维有极高的要求。

由此可以反推，创新创业教育不仅是为了让学生掌握越来越多的知识，更重要的是让学生通过知识学习和实践锻炼开展认识和思维活动，从而掌握创业所需的各项能力，提高学生的自主性、能动性和创造性。

（二）提升实践能力

创业能力的发展是一个全面的过程，涉及个人在创业中解决实际问题的能力、组织管理能力、团队协作能力、市场洞察能力、资源整合能力等多个方面，包括如何说服团队成员、客户和合作伙伴，如何认真听取与分析各方面意见，并不失时机地作出科学合理的决策等。这些能力包含着很多对增长智慧及发展创造力来说最需要的条件和基础，其能力大小和发展水平，直接决定了个人在创业道路上的成败。创业知识的掌握是创业能力发展的基础。然而，单纯的理论学习并不能完全满足创业的需求。学生需要在实际的创业体验中，通过实践来应用和检验所学知识，从而更好地理解和掌握创业的真谛。

其中，见习便是非常有效的提升创业能力的方法。有针对性地对学生进行非常细致的创业能力训练有助于培养学生全面认识社会、适应社会、改造社会的能力。在见习过程中，学生可以亲身参与到企业的运营和管理中,熟悉市场的运作规律,积累商业经验,培养自己的商业直觉和决策能力;可以更深入了解政府对创业行为、创新产业的支持政策和相关的法规,从而更好地把握创业环境和政策导向,识别创业机会;可以培养领导力和影响力,学会营造良好合作氛围,明确团队目标和分工,确保各项工作的高效推进;可以锻炼社交能力,学会与客户、媒体、销售商、同行、政府、投资者打交道,为将来创业搭建人际关系网络;可以锻炼沟通能力,以热情、真诚的态度和积极的创业价值理念、企业愿景吸引志同道合的人。学生在见习过程中应不断总结经验、吸取教训,及时调整自己的思路和方法,提升自己的创业能力。

大多数成功的创业者都有过见习的经历,他们从见习中积累相关商业经验,为自己成为成功的创业者做积极准备。高校创新创业价值观培育应该注重实践环节的设置,为学生提供更多的见习机会和实践平台。同时,教师也应该积极引导学生参与到实际的商业实践中,帮助他们发现和解决创业中的问题,培养他们的创新精神和创业能力。

第二节 大学生创新创业价值观培育的基本原则

要使创新创业价值观对大学生开展创新创业实践及个人发展具有积极的导向作用,大学生创新创业价值观培育既要坚持正确的目标导向,又要体现价值观规范化原则。

一、坚持继承性与借鉴性相结合

文化建设的核心在于传承民族优秀文化并吸收全球有益文化。大学生创新创业价值观培育，既要将中华优秀传统文化中有关自强不息、吃苦耐劳、革故鼎新、经世致用的创业精神和创业智慧渗透到大学生的文化基因和精神内核中，也要吸收世界发达国家在创新创业教育和实践中总结出来的、反映创新创业规律和价值的内容。尽管文化是激发主体创新与创造力的无尽源泉，然而并非所有的文化都能被个体吸收、利用，成为创造力之源。唯有那些兼具现实性和理想性、科学性和人文性的先进文化，才能为个体提供从思想到行动的全方位支持，有效推动创造力的生成、发展和实践。因此，新时代创新创业价值观培育要坚持继承性与借鉴性相结合，引导学生在各种文化交融中坚定价值立场，寻求共识，并获得推动社会发展的合力。

二、坚持一般性与特殊性相统一

社会主义核心价值观反映了中国特色社会主义的本质要求，具有一般性、广泛性和代表性，在中国整体社会价值体系中居于核心地位，是所有公民和群体的价值准则。大学生创新创业价值观则是基于创新创业认知和社会责任形成的对创新创业的价值取向和思维判断，直接影响其创新创业态度、产品服务选择和社会贡献。社会主义核心价值观是大学生创新创业的根本价值导向，为化解大学生创新创业活动中的价值冲突、价值困惑提供思想指引。创新创业价值观培育为社会主义核心价值观理论与实践结合提供了新的平台，是践行社会主义核心价值观的有效着力点。二者是整体与局部、一般与特殊的关系。因此，大学生创新创业价值观培育要坚持一般性与特殊性相统一，既要遵循社会主义核心价值观培育的基本要求，又要突出其独特的时代特征、发展特征。

三、坚持理论性与实践性相一致

创新创业价值观培育不仅需要理论深度和情感共鸣,还需具备实践操作性,才能被大学生普遍理解和全面掌握,从而内化于心、外化于行。当前,高校创新创业教育仍然存在"重工具理性、轻价值理性"的现象,仅将创新创业教育作为一种工具,"唯指标""唯数量"观念突出,导致部分大学生对创新创业的理解趋于庸俗化,存在诸如个人利益至上、经济利益最大化、唯利是图等错误价值观。这些都要求创新创业价值观培育直面创新创业实践中的实际问题并作出有效回应。新时代大学生创新创业价值观的培育要坚持理论性与实践性相一致原则,以马克思主义唯物史观的立场观点方法为指导,从当前大学生创新创业的现实出发,以具体、鲜活、生动的创新创业活动为基础,着重破除功利主义价值观的侵蚀,回归大学生创新创业的初衷和使命。

四、坚持理想性与现实性相呼应

创新创业教育是生存教育与发展教育的统一。生存是指维持和延续个体物质生活和基本生活需求的活动,而发展则是指人通过价值实现以提升生命层次。生存是发展的基础,发展是生存的结果,人并不是单纯为了生存而生存,而是为了更好地发展。创新创业本身是创造经济价值和社会价值的过程,创新创业教育既要教会学生通过劳动创造物质财富维持生命,也要帮助学生感知生命的意义,以实现物质价值与精神价值的共享和提升。因此,新时代大学生创新创业价值观培育应立足生存但超越生存,着重体现发展。如果仅关注生存缺乏激励作用,而仅强调发展又显得不切实际。创新创业价值观培育应融合生存与发展,实现理想性与现实性相呼应。

第三节　大学生创新创业价值观培育的方法变革

为了适应新时代大学生创新创业教育发展需要，教育目标和内容也要与时俱进，这需要运用新的课程体系和教育方法来实施和推进这些变革。因此，我们需要完善大学生创新创业价值观培育的课程体系，重新设计与其相应的方式方法，使之既能够有效地传递知识和提升技能，又能引导大学生认同和践行创新创业价值观。

一、构建大学生创新创业价值观培育的课程体系

大学生是未来的创业者，需要具备正确的创新创业价值观，以应对创新创业过程中的各种挑战和困难。大学生创新创业价值观培育并不是简单地增设一门或者几门创新创业价值观课程，而是要将创新创业价值观培育的先进理念有机地融入现有的创新创业教育与专业教育之中，实现知识传授与价值引领相统一。高校应加强大学生创新创业价值观培育的理论研究，提供更加全面和系统的创新创业价值观培育课程，启迪学生创新思维，提升学生专业技能。此外，高校应为大学生提供更多的创新创业实践机会，帮助大学生更好地了解创业的过程和技巧，避免创业中的陷阱和误区，提高他们的创业成功率。通过这些课程和实践引导学生树立坚定的创业信念，激发他们的积极性和创造性，培养他们的创新精神和实践能力，为实现创新创业理想、建设创新型国家蓄力赋能。

第三章　大学生创新创业价值观培育的基本遵循

（一）第一课：启迪创新思维

思维决定行动，思路决定出路。创新思维是人类思维的高级形式，是创新能力的源头，是创业精神的核心。创业需要不断寻找机会、创造价值，只有具备创新思维的人才能更加敏锐地捕捉市场需求，不断创造与创新，为经济增长和社会进步注入新的活力。创新思维，简而言之，就是突破常规、敢于尝试、勇于探索的思维方式。它不仅仅是一种能力，更是一种态度，一种对未知世界充满好奇和敬畏的精神状态。在快速变化的社会环境中，拥有创新思维的人能够更快地适应新环境，解决新问题，抓住新机遇，从而在竞争中脱颖而出。

启迪创新思维课程旨在帮助个人超越过去惯性思维带来的局限，突破现实世界发展中遇到的各种瓶颈。这样不仅能够提高问题解决的效率，还能够提升解决问题的质量。

首先，要打破思维定式。德国心理学家邓克尔（Karl Danker）通过研究发现，人们的心理活动常常会受到一种所谓"心理固着效果"的束缚，即我们的头脑在筛选信息、分析问题、作出决策的时候，总是自觉或不自觉地沿着以前所熟悉的方向和路径进行思考，也就是形成"思维定式"。若思维形成定式，就会严重阻碍创新。要想培养创新思维，必先打破这种"心理固着效果"，用思维的求异性、发散性、逆向性压倒思维定式，有意识地抛开以往思考这些问题时的思维程序和模式。只有敢于怀疑、打破条条框框，敢于开拓全新的思路，采用一种全新的方法，走一条全新的道路，充分发挥创造力，才有可能产生大的突破。

其次，要掌握创新技法。"授人以鱼，不如授人以渔。"出现好的想法之后，需要以某种方法或技巧为先导，经过反复的实践和探索，才能收获创新的成果。创新技法是创造学家根据创造性思维的发展规律和大量创新创造的成功范例总结出来的一些原理、技巧和方法。自20世纪30年代美国创意思维大师奥斯本（Alex Osborn）创立第一个创新技术——智力刺激法以来，已经出现了360多种创新技术，包括头脑风暴法、问题列举法、奥斯本检核表法、移植法、TRIZ理论（发明问题解决理论）等。创新技术实际上是理论和实践之间的桥梁，学校可以通过开展每日（周）一创意，举行创意作品竞赛等体验式训练和活动，让学生忙起来，知识用起来，学习和运用各种创新技术，解决创新创业过程中的实际难题，获得更有价值的创新。

再次，要敢为天下先。善于运用创新思维的人就要有"吃第一只螃蟹"的勇气，有"敢为天下先"的魄力。创新无一例外地建立在打破旧观念、旧传统、旧思维、旧模式的基础之上。只有跳出"舒适圈"，敢于想别人没有想过、做别人没有做过的事情，才能找到解决问题的最佳途径。

最后，要不断尝试。通过不断尝试和探索，我们能够发现自己的潜力和价值。当创新想法得到验证并取得成功时，我们会获得自信心和成就感。这种自信心和成就感能够激励我们更加努力地追求更高的目标。

因此，大学生创新创业价值观课程的首要任务在于启迪他们走上创新创业之路所必须具备的创新思维，其次才是培养创业所需的素质和能力。要实现这一目标，教师必须引导学生在一个较为宽松的环境中突破现有的思维模式，激发创新意识和创新潜能，不断发现新的可能，创造新的价值。

（二）第二课：培养专业能力

高校应该将创业发展与专业教育相结合，并让学生认识到创业最重要的资源就是在校期间积累的专业知识和习得的知识应用能力。大学生在创业过程中利用好这一特殊资源，实现专业知识与创业实践的对接，才能在价值创造中鲜明地展示自己的独特优势。对大学生实施创新创业价值观培育不应将其作为一门附加课程，而应超越传统学科界限，对学科知识进行"重构"或"再组织"，使其真正融入专业教学之中。目前，各高校逐渐意识到专业教育与创新创业教育融合（简称"专创融合"）的重要性，但仍然缺乏可靠的理论和实践框架。专创融合课程强调将传统专业培养与创新创业元素相结合，使课程兼具专业特色和创新创业内涵。课程实施过程中，鼓励学生用创造性思维丰富现有的学习模式，以整体思维整合相关资源，从专业视角挖掘创业机会，进一步提出专业问题的创新解决方案，从而全面提升学生将专业知识转化为现实生产力的综合能力。

至关重要的是，不仅认识到专创融合课程为专业教育架起桥梁，在特定学科内提供与创新创业相关的课程，而且要认识到先进的创新创业理念和思想对专业教育中不断发展的教学和学习方法的深远影响。在专业学习过程中引导学生运用创新创业思维是必不可少的，能够启发他们对专业知识的创造性转化、创新性发展。此外，还要鼓励学生在学习过程中将理论知识转化为现实世界中的创新创业活动，这种方法将大大提高他们的实践能力。

数字技术、人工智能的快速发展带来了前所未有的挑战。技术的进步不断超越教育的适应性，教育组织难以跟上快速发展的技术，往往随着技术的迅速革新或过时而整合或放弃培养策略，导致人才培养与社会需求脱节。此外，技术发展使得工作岗位的可替代性越来越强，即使是高水平的工程师也面临着被智能化取代的风险。与此同时，互联网的普及打破了行业间的信息壁垒，曾经受到保护的专业知识变得可以广泛获取，从而重塑了行业形态。未来的社会挑战需要越过表象，通过资源整合的方法解决复杂问题。这些问题超越了专业或行业的界限，需要精通各领域的人才来发现内在规律并提出有效的解决方案。

新质生产力背景下，未来人才不仅要具备深厚的专业素养，还要具备跨领域的创新创业能力。这就要求，专创融合课程要引导学生以创业的心态学习专业课程，不能只强调传授特定的专业知识或培养独特的专业技能，应更加注重培养学生的专业发展能力，包括培养学生对新兴需求的敏锐意识，使其及时获取新知识，有效吸收不断发展的新技术。例如，注重引导学生运用专业的学术视角来洞察当前和未来的社会需求，通过创造性地整合资源，设计出切实可行的解决方案或服务产品，并确保用户接受，从而产生新的价值。此外，在相关学科中渗透创业视角下的跨学科思想、知识、技术与方法，帮助学生在不同的创业阶段勾勒出自己的专业发展轨迹。

专创融合课程植根于建构主义，旨在打破现有的知识框架，改变学习和教学方法，重塑现行专业课程的知识观、学习观和教学观。它强调赋予学生权力，使学生成为教学活动的主要参与者。专业学习超越了单纯的存储和提取知识，要求学生根据具体的情境需要积极生成新的知识经验，建立创新创业知识与专业知识之间的联系。教学形式也不再是教师单方面说教或简单的灌输，而是转向创造有利的教学环境或形成学习社区，使得学生可以通过合作和交流解决问题，自主生成新的专业知识和经验。从本质上讲,专创融合课程采用先进的教育理念,最大限度地提高了学生的参与度,突出了专业课程的实践本质。这种转变不仅突破了专业教育的瓶颈,也为全面推进创新创业教育提供了一个强有力的平台。

因此,专创融合课程应超越仅仅将创新创业元素融入现有专业课程的范畴。它应利用先进的创新创业理念,彻底改变应用学科的课程结构,注入创新创业思维,以应对复杂的跨学科挑战。

(三)第三课:提供实践陪跑

随着创新创业研究的深入,人们从学术专家的见解和创业者的经验中总结出了大量基本的创业原则和方法。虽然创新创业教学的理念得到了学术界的认可,但创业与生俱来的不可预测性和不确定性表明,这些原则和方法不能被简单地教条化。实践教育是促进创业观念、知识、能力转化为创业行为的重要载体。[1] 提供实践陪跑是至关重要的一环,尤其针对有创业意向的学生,学校还应提供更为专业和更具专门性的创业实训,内容包括创业技能培训、模拟实战等。这类课程的目标是引导学生将潜在的创业意识转化为务实的创业行动,在实施过程中培养创业热情和创业信念。通过课程的实施强化学生心中这些积极的信念,并帮助学生解决在创业过程中可能遇到的潜在价值冲突,使他们有能力克服障碍、承担风险,确保他们走上正确的创业道路。

创业技能培训主要是将学生的创业动力转化为具体的行动,并提供科学的方法和技术支持。然而,目前的创业技能培训仍流于表面。教

---

[1] 王占仁.中国创新创业教育史[M].北京:社会科学文献出版社,2016:95.

师往往按照规定的流程，将司空见惯的方法和技巧融入教学。这些做法虽然被普遍接受，但只涵盖了最基本的程序和要求，缺乏对于创业成功至关重要的核心技能和策略。在信息爆炸的今天，这种课程模式无法真正培养学生的创新创业能力。尽管教师在课程中介绍了相关案例，但由于创业认知有限，学生很难将这些案例与现实世界中的创业挑战联系起来，无法把握这些案例的意义和参考价值。要实现"将学生的创业意图转化为实际执行"这一目标，教师必须充分设置实用性的课程，既要用理论有效解决现实问题和发展障碍，又要通过实践经验丰富理论体系。在设计教学方法时，教师应考虑学生在创新创业项目中的进展，根据项目进展和具体需求组织调整教学活动。在教学过程中，教师可采用图像描绘法等适应性强的方法，让学生在分享创业经历的同时掌握创业的基本要领。这一策略旨在将课堂教学与问题解决完美结合，增强学生对知识的理解和应用，大大提高他们解决问题的能力。

创业模拟实战通常被理解为实际创业前的演习，它不同于单纯的演练，更类似于战斗前的准备阶段。然而，目前的创业模拟实战还存在两方面误区。一方面，过分强调教学环节的既定性、训练程序的统一性和训练方法的准确性。教师有时会误以为这些模拟中展示的技能就是培训的最终目标，从而导致学生将成功视为坚持特定的行动。另一方面，认为体验成功的快感对培养积极的创业信念至关重要。许多教师担心学生会受到失败的负面影响，因而努力创造一个理想的环境，使商业模拟项目顺利进行。然而，如果不面对挫折和困难，学生在创业时就可能难以驾驭真正的社会挑战。学生如何理解自己的成败，将在很大程度上影响他们未来的创业心态。关键是要避免学生将成功完全归因于外部因素，或将失败完全归咎于自己。引导学生对创业结果恰当地进行内因和外因分析，进行积极的归因，将促进其对未来创业的结果和效能的积极期待。让学生在收获成功时，提升自我效能感；在遇到失败时，能够理性分析、积极归因。这样学生才能树立成功的信心，认真总结经验与吸取教训，以更积极的心态投入创业中去。① 这种全面的认识能培养学生更加理性的创新创业价值取向，令其从容面对成败，从而形成积极、正向的创业信念。

大学生创新创业价值观培育的课程体系改革不应仅仅停留在表面的课程调整上，而应结合新质生产力的特点深挖其内涵，实现培育模式的根本革新。只有这样的变革，才能为学生提供更为丰富、更具前瞻性的知识体系，坚定他们的创新创业信念，激发他们的创新创业热情，提升他们的创新创业能力，最终培养出能够引领时代潮流的创新型人才。

二、大学生创新创业价值观培育的方式方法

价值观培育的有效方法是实现特定育人目标和传输教学内容的重要工具。大学生创新创业价值观培育的方法设计，既要关注如何激发学生学习创新创业的动机，又要注重引导学生面临价值冲突时作出正确的价值选择。

（一）实践参与法

价值观对个体的影响深远而广泛，不仅决定着人类对事物的评价标

---

① 陈春晓.高校创业教育引论：应用型院校创业教育对策研究[M].北京：北京邮电大学出版社，2018：28.

准，也引领着人类的生活目标和行为方向。它就像一面镜子，映照出人类的内心世界和外在行为，也塑造了人类的人生观和世界观。价值观的形成和发展是受到多种因素影响的，既包括个人的实践经历和生活经验，也包括社会文化等因素。这些因素相互作用，共同影响着人类对价值的理解和看法，也决定着人类的价值观发展方向。需要明确的是，价值观来源于生活，主体的实践活动是价值观形成的现实根据。①在这个过程中，人类通过不断的实践、反思和经验的积累，逐渐形成了对价值的独特理解和看法。这种看法影响着人类的思想和行为，也塑造着人们的个性和品格。

只有当一个人对创新创业实践持有足够的动机时，才有可能形成与之相符的价值观。因为创业的过程错综复杂，充满未知和不确定性，强大的心理动机在复杂的创业活动中起着关键作用。只有深入参与实践活动的过程，才能真正理解价值的内涵，进行质与量的评估，体验价值观的力量带来的满足和喜悦。通过活生生的实践的验证，个体的价值判断得以巩固，进而形成稳定的价值观。没有亲身参与创新创业实践，个人就无法切实感受或体验创新创业的真正价值。教师应以人生导师的身份，激发学生的创新创业动机。在培养学生创业能力的基础上，激发他们对创新创业的热情和执着，并引导他们将参与实践过程所获得的价值体验与价值情感转化为持续参与创新创业学习的内在动力。

(二) 加强认知法

不同的人会因其经历不同和考量不同而对创业持有不同的看法。

---

① 吴向东.论价值观的形成与选择[J].哲学研究，2008(5):23.

第三章　大学生创新创业价值观培育的基本遵循

有些人仅将创业与经济收益联系在一起，视其为挣钱的工具。有些人则认为创业主要是一种就业渠道，注重其在维持生计方面的作用。有些人从社会需要的角度来看待创业，将其与政治指令和行政要求联系起来。然而，上述这些看法几乎都是从狭隘的视角来看待创业，局限于经济或政治方面，而忽略了创业对促进个人发展、丰富个人精神以及为社会进步作贡献等方面的作用。

创业价值，顾名思义，是指在创新创业过程中所创造和体现的价值。这种价值不仅体现在经济层面，更涵盖了个人成长、社会贡献等多个维度。首先，创业价值体现在经济方面。创业者通过敏锐的洞察力和判断力，发现市场中存在的未被满足的需求或潜在的优势，并将其转化为实际的商业行动，不仅能够为自己带来利润，还能够为供应链上下游企业带来收益。创新创业活动可以促进市场竞争，促使企业提高效率和质量，从而推动整个经济的繁荣和发展。其次，创业价值体现在自我价值实现上。创业有助于培养积极心态，帮助个体更好地适应社会生活。创新创业可以激发个体的主观能动性和创造才能，最大限度地促进个人对自由而全面发展的追求。通过创新创业，个体可以实现自我价值，获得成就感和满足感。最后，创业价值还体现在对社会的贡献上。创业者通过提供有价值的产品和服务，满足人们的需求，提高生活质量，为社会带来更多的福祉和利益。他们的创新理念和商业模式可以推动社会进步和变革，解决社会问题。例如，一些创业者致力于环保和可持续发展，推动绿色经济的发展。创新创业也有助于维护道德规范，创造和谐稳定的社会环境。创业者的成功经验和故事也会激励更多的人投身创新创业，共同推动社会的进步和发展。

让大学生充分认识创新创业的价值和意义，将其转化为内在的动力，从而更加积极地参与创业学习，勇于承担挑战，这是大学生创新创业价值观培育的有效方式之一。要培养学生对创新创业价值的全面认知，在教育教学上应侧重两个方面。

首先，教师必须让学生均衡而全面地理解创新创业价值。不仅要从物质角度，还要从人类生活和社会影响的更广阔视角来审视创业的意义和价值。关键是要避免过分强调物质利益，同时从心理学和伦理学的角度重新评估创业的精神价值和社会价值。

其次，对于创业价值的认知，切忌将其作为一个封闭的问题，只设置一个标准答案。每个学生的发展需求和目标定位不同，对创业价值的认知自然也不尽相同。只有将创业价值与个人发展相联系时，学生才能建立起自己独特的价值观念，并为未来的成长提供内在动力。

(三) 图像描绘法

图像描绘法是通过绘图将复杂的现实情境具体化呈现，旨在帮助学生进一步理解自身所处的现实情景，并在他人的指导和建议下进一步认知与反思自身所遇到的困难和挑战。这种教育方法有利于学生发现成功的模式，使他们通过模仿或自我反思获得某项技能或方法。

一方面，该方法将创业的复杂性分解为具体的实践步骤，减轻了学生的无助感，增强了学会创业的信心。另一方面，它能让教师随时了解学生面临的各种困难，及时提供有针对性的方法，给予明确的示范和可行性指导。在没有外部干扰的情况下，这种外部支持能够帮助学生在有利于价值体验的环境中探索自身的创业价值。

在最初的教学环节中，教师采用图像描绘法，能够更为生动地向学生展示整个创业实施过程和相应的方法。在过去相当长的一段时间里，创业往往被认为是拥有特殊才能或技能的个人的专有追求。创业成功往往被认为是一种运气或机遇，不可被学习或模仿。这种观念使得人们对创业望而却步，同时也限制了人们对创业的认知。而教师绘画梳理的整个过程，可以帮助学生将抽象且复杂的创业流程转化为具体的操作指南。教师不断鼓励学生，打破认知误区，消除学生过去对创业的误解，重新认识到创业是普通人可以驾驭的实践活动，并相信创业是一种可以习得的技能。

在图像描绘方面，有以下三个原则：一是绘图内容应简洁明了。因为所绘图像是学生实施创业的技术指南，应简明扼要地说明创业活动的基本流程和方法。二是绘图应有留白。这种刻意的留白是为了激发学生的参与积极性，鼓励他们用自己的创造力和创业见解填补空白。三是绘画形式不限。教师可以根据特定的教学要求或学生的独特兴趣，采用商业模式画布或商业计划书思维导图等形式。

在具体执行和实施阶段，教师要激励学生将创业项目的进展以绘图的方式完整呈现出来，并不断完善创业轨迹。教师应鼓励学生尽可能准确描绘创业过程中的各种场景，目的是重构学生的创业经历。同时，教师要及时、认真地回应学生在绘图中遇到的问题和困难。值得注意的是，教师的回应应该是以建议性顾问的角色提供探索性的回应，引导学生开展头脑风暴，而非提供标准答案。在课程尾声，教师应该引导学生回顾与反思创业历程，巩固个体的知识和技能，并重新审视创业价值与个体发展之间的联系。

创业的未知性和不确定性要求创新创业教育无论是在内容、形式还是教学方法方面都要具有高度的灵活性。教师所采用的教学策略不应仅仅遵循预先设定的教学大纲，或依赖于从个人经验中得出的主观臆断，而是要根据学生在整个创业过程中取得的进展进行调整，针对学生在不同阶段可能出现的问题，提供有针对性的指导和必要的支持。

（四）行为模式转变法

价值观培育并非仅限于概念层面，它超越了理念，更关注实践。确切地说，大学生创新创业价值观培育不仅要传播先进思想意识，更重要的是要确保这些思想意识能够引起大学生的深刻理解与共鸣，激发他们的内在情感和动力，并在实践中体现和强化这种价值追求，进而推动大学生思维和行为模式的根本性转变。

针对行为模式转变的教学目标应该预期学生发生的变化，教导学生如何更有效地应对创业中的未知和不确定性，而不是仅仅是传授创业的具体业务和操作流程。不少人在考虑创新创业价值观培育的目标是否达成时，以学生在接受教育后是否立即开始创业行动作为考核的依据。但是，他们却忽视了创新创业价值观培育在学生的技能发展、情感意识、认知触动等方面的目标。创新创业价值观培育在情感意识和认知触动方面的前瞻性目标尤为重要，这是决定创新创业价值观培育是否真正有效的关键因素。

尽管行为模式的转变是创新创业价值观培育的重要指标之一，但并非唯一目标。人作为感知、情感和精神的整体，是通过参与实践体验而成长的。大学生创新创业价值观培育应该关注创业体验对个体思维和行为模式的潜在影响，而不是仅仅关注外在行为上的变化。要让学生在实践中学习，在实践中领悟。因此，大学生创新创业价值观培育需要注意激发学生对参与活动的积极性，观察学生在体验中的变化，感受学生在体验中的收获。我们需要引导学生通过投身创新创业实践、参与模拟训练、尝试与创新创业相关的游戏和活动,不断体验并获得成长。

(五)冲突转化法

价值观冲突表现为不同思想和观点之间的冲突。它不仅出现在个人从旧观念向新观念过渡的过程中,也出现在多元文化背景下因价值标准不同而导致价值选择出现差异时。这种冲突在个人层面上表现为价值困惑,阻碍个人价值目标的实现,在社会层面上则表现为破坏道德和谐、阻碍社会进步。创业本质上是对传统思维和行为的挑战,在创业过程中行为模式的改变必然引发价值坐标中不同点位之间的冲突。这种冲突源于传统思维与创新理念之间的矛盾,以及在不确定情况下个人对经济、精神和道德价值的追求之间的冲突。

解决这些冲突需要一种有效的教育方法,即引导学生通过建立各种价值观之间的联系来转化价值冲突。在价值冲突中,个体可以寻求共同的价值点,从而形成价值合力。例如,在创业过程中,大学生常常会遇到"义"与"利"的价值冲突,即道德原则与物质利益的冲突,实质是以何者作为人生和社会的基本价值取向的问题。大学生在道德原则与物质利益的冲突问题上表现出一种"双重标准",也就是说,大学生对"义利观"的是非对错是有清晰认识的,也能对他人的义利选择作出基本的评判,可当自己真正需要作出价值选择的时候,则要权衡利弊后再作决定。这在一定程度上反映出大学生知与行的背离,即价值认知和价值实践存在错位和偏差。马克思、恩格斯在《神圣家族》中指出:"'思想'一旦离开'利益',就一定会使自己出丑。"①市场经济重利轻义的价值观颠覆了传统文化中重义轻利的价值取向,导致大学生创业者难免出现价值选择困惑。

　　遇到上述问题时,通过恰当的定位,在不同的价值观念之间建立起链条式的联系,我们便能够有效地缩短对立的价值需求之间的距离。教师可以教育学生将这些价值观念具体化,并帮助他们理解这两种价值观念之间的联系。实际上,物质利益与道德原则体现了现实生活的不同方面:前者侧重于个体的存在和发展,后者侧重于社会的存在与发展。教师可以引导学生深入思考这两种价值观对个人目标的影响,促进学生理解这些相互竞争的需求之间的关系,并在它们之间架起一座桥梁。学生可能会得出这样的结论:义与利之间是不可割裂的,利益是道德的基础,道德又是利益的保障,既反对见利忘义,也反对耻于言利。要遵循"义利并重"的价值观,既要通过创业创造财富,更要坚守道德底线,在法律法规和市场准则的约束下获取自身正当利益。因此,学生在特定的限制条件下接受积极的价值观,可以将失落感转化为获得某种需要的期待,缓解价值选择过程中的紧张情绪。这种方法有助于学生更好地理解和接受不同的价值观念,从而在面对价值冲突时能够作出更明智的决策。

---

① 马克思,恩格斯.马克思恩格斯文集:第1卷[M].北京:人民出版社,2009:286.

第四章　大学生创新创业价值观培育的福建探索

立德树人作为高等教育的重要目标，必须紧密结合实际环境，才能真正发挥作用。在人类历史的长河中，人们的想象力、思考能力和精神交流是由物质生产所驱动的，受到生产方式、生活方式和物质条件的影响。同理，在现代社会，随着科技的发展和物质条件的改善，人们的思想观念也在不断变化，这些变化又反过来推动着社会的进步和发展。我们应该注重培养大学生的实践能力和社会责任感，让他们在实践中不断锤炼自己的思想观念。同时，我们也应该关注社会环境的变化和发展，不断调整和完善育人的方式方法，以适应时代的需求和挑战。只有这样，我们才能真正实现立德树人的根本目标，培养出德智体美劳全面发展的社会主义建设者和接班人，为社会的繁荣和发展贡献力量。

我国古代素来高度重视人与环境之间的关系。例如《荀子·劝学》："蓬生麻中，不扶而直；白沙在涅，与之俱黑。"意思是蓬草长在麻地里，不用扶持也能挺立住，白色的细沙混进了黑土里，也会跟着一起变黑。比喻环境对人的影响很大，可以改造人、塑造人，甚至影响人生的方向与轨迹，也就是说什么样的环境就会熏陶出什么样的人。

又如西晋傅玄的《太子少傅箴》有言："故近朱者赤，近墨者黑。"原意是靠着朱砂的变红，靠着墨的变黑，比喻接近好人可以使人变好，接近坏人可以使人变坏。另外，《晏子春秋》的橘与枳亦为大家所熟悉："橘生淮南则为橘，生于淮北则为枳，叶徒相似，其实味不同。所以然者何？"这些现象均生动展示了外部环境对人的深远影响。

教育作为以人为中心的社会实践活动，其作用不仅限于个人的成长和发展，而且对整个社会的未来走向有着重要的塑造作用。在这个过程中，社会环境的变化无疑是一个不可忽视的重要因素，深刻影响立德树人系统的运行要素，表现为对教育目标的设定、教育内容的选择、教育方法的应用、教育评价和反馈机制等方方面面的影响，它们都必须随着环境的变化而不断调整和优化，以适应社会发展的需要。

地域文化，作为中华优秀传统文化的重要基石，承载着深厚的历史底蕴和丰富的文化内涵。地域文化如同肥沃的土壤，为培育社会主义核心价值观提供了源源不断的养分和生命力。在众多地域文化中，闽文化以其独特的魅力和深厚的底蕴，成为中华优秀传统文化宝库中一颗璀璨的明珠。作为中华优秀传统文化的重要组成部分，闽文化为福建地区培育社会主义核心价值观提供了丰富的文化载体和思想支撑。

福建地域文化中的优秀思想品质和价值理念，如同一股清泉，滋养着大学生的成长。通过深入研究和挖掘福建地域文化，我们发现其中蕴含诸多有益于大学生社会主义核心价值观培育的元素，例如：妈祖文化的立德、行善、大爱精神；海洋文化的敢拼、爱赢精神；福建人民诚信、勤劳的品质。将这些优秀品质融入大学生的日常教育中，有助于引导他们树立正确的世界观、人生观和价值观。

因此，福建地区在进行大学生创新创业价值观培育时，应当高度重视对福建地域文化的挖掘和融入。通过深入挖掘福建地域文化中的优秀元素，发挥其在大学生创新创业价值观培育中的独特作用，丰富育人内容和载体，提高育人成效。

第一节 福建地域文化在大学生创新创业价值观培育中的独特优势

地域环境是人类生产生活的基础，其构成要素如地形、水文、气候和交通等，相互关联并共同塑造了一个地区的自然和文化景观。这些要素不仅为当地居民提供了生存和发展的条件，还是地域文化生成和演进的重要基础。福建多山濒海，历史悠久，孕育形成了独特的文化和传统，在大学生创新创业价值观培育中有着独特优势。

一、多山濒海，和而不同

福建地处我国东南部，地理构造独特。从整体来看，福建地势呈现出西北高、东南低的阶梯状分布。中部地区则有一条由鹫峰山脉、戴云山脉和博平岭山脉组成的闽中大山带，将福建自然划分为西部山地和东部沿海地区。西北部有一条闽西北大山带，这条大山带由武夷山脉、杉岭山脉和仙霞岭山脉构成，成为福建与江西、浙江两省的自然分界线。这两大山带的存在使得福建地势呈现出山岭耸立、丘陵起伏、河谷与盆地交错的特征。因此，福建素有"东南山国"之称。

福建属于亚热带海洋性季风气候，热量充足，雨水充沛，为境内农业发展提供了得天独厚的条件，茶叶、水果等农产品享有盛誉，且动植物品种繁多,资源相当丰富。

公元前221年秦始皇统一六国后,福建地区被设立为闽中郡。闽越族是福建地区最早的居民之一,在长期的生产实践中创造出了独特的闽越文化。而后,中原汉族的四次大规模迁徙,给福建带来了中原地区的先进技术和文化。在这个过程中,中原文化与福建本土文化相互融合,共同形成了福建独特而多元的文化特色,进而孕育出丰富多彩的文化遗产。

福建地区的地域环境既为人们带来了丰富的自然资源和独特的文化传统,也带来了一定的挑战。福建多山濒海的地理态势,使福建地区成为具有相对封闭性的一块区域。山脉的阻隔使得福建与其他地区的交通联系相对不便,这在一定程度上限制了福建的经济和社会发展。

鉴于独特的自然地理条件,尤其在过去交通不便的环境下,福建形成了不同的聚落形态。因此,福建省境内形成了多元的文化和传统,使得福建地区成为一个充满活力和魅力的省份。例如,福建的客家文化、闽南文化等都是在相对封闭的环境中孕育而生的,具有浓厚的地方特色和历史底蕴。

二、海洋文化

海洋文化作为一个涵盖多元的研究对象,其丰富的传统文化内涵和独特的展现形式,正是中国历史文化和社会发展脉络的体现。[1] 海洋文化的构成元素包括物质要素和精神要素。物质要素涵盖了建筑风

---

[1] 王艺璇.海洋文化视角下峰尾古城整体性空间保护策略研究[D].泉州:华侨大学,2023:6.

格、自然景观、生产工具、民族服饰等；精神要素则包括民间信仰、艺术门类、节日庆典等。这些文化元素是海洋文化在历史长河中不断演变和发展的产物。

福建海岸线绵长，大陆海岸线长达3752公里，是海洋资源极为丰富的省份之一。自古以来，福建人民便深谙海洋资源的开发利用之道，在渔业、盐业、航运等产业领域取得了举世瞩目的成就，构建了独具特色的海洋经济体系。而海洋的广袤与深邃，也孕育出了福建别具一格的海洋文化。

福建海洋文化历史悠久，内涵丰富，其特征包括多元、开放、兼容、冒险等；其中也包含了诸多重要的文化元素，如以海洋为媒介的商业贸易文化和人们在跨越海洋过程中为应对风险而寻求精神支持的海洋神祇信仰文化等。此外，福建的海洋文化也体现在人民生活的方方面面。福建人民热爱海洋，崇尚海洋精神，这种精神在福建的文学、艺术、民俗等多个领域都有所体现。例如，福建的民间信仰中，有许多与海洋相关的神祇和传说，如妈祖等。这些信仰和传说不仅丰富了福建的文化内涵和外延，也加深了人民对海洋的敬畏和热爱。可见，海洋文化在闽文化的形成与发展过程中发挥了重要作用，为其奠定了坚实的文化基础，并孕育出了丰富多彩的文化资源。

(一)闽商精神：爱拼敢赢

"闽在海中"形象地刻画出福建与海洋的关系。福建，这片位于中国东南沿海的土地，其居民自古以来便与海洋紧密相连，与海洋为伴，以海洋为生。他们凭借聪明才智，不断优化对海洋的开发和利用，展现出对海洋的深刻认识。福建人不仅精通"围海造田"、海上贸易,更有一部分勇敢者选择跨越海洋,到海外寻找新的生活机会。 那句脍炙人口的励志名言——"爱拼才会赢",便是福建的"闽商精神"。这些观念在海洋文化的熏陶下,经过一代又一代闽商的锤炼和传承,形成了独特的海洋商业精神。 福建独特的山海环境与文化,造就了福建人民勇于开拓和拼搏的性格,孕育出富有特色和个性的闽商阶层,而他们也成为福建发展的重要力量。

"闽商"是对福建地区商人的统称。 闽商历史源远流长,宛如一部沉甸甸的历史长卷。 早在汉唐时期,众多外国商团及商人在福州、泉州等地定居,开展商贸活动。 特别是唐朝至五代十国时期,福州的对外贸易活动十分兴盛,吸引了大量外国商船前来交易。 唐宋年间,闽人携带丝绸、茶叶、瓷器等特产,从泉州港启程,沿海上丝绸之路远渡重洋,将商品销售至世界各地。 早期的闽商主要活动于东南亚地区,这里是他们事业起步的摇篮,也是他们海外创业最为集中的区域。 他们多从餐饮业起步,之后逐渐拓展至零售、批发等领域。

海外的闽商经过辛苦打拼,成就斐然,其中涌现出一批杰出的闽商领袖,如享有"亚洲糖王""酒店大王""粮油大王""传媒大亨"之称的郭鹤年,他的商业帝国以糖业的发展为基础,曾占据马来西亚原糖市场80%的份额,占据世界原糖市场20%的份额。 又如印尼"丁香大王""水泥大王""面粉大王""金融大王""地产大王""商贸大王"林绍良,白手起家创下沉甸甸的基业,被业界称为"亚洲的洛克菲勒"。 著名爱国华侨领袖陈嘉庚是新加坡"橡胶大王",还经营米厂、木材厂、冰糖厂、饼干厂等企业,毛泽东曾题词称赞其为"华侨旗帜、民族光辉"。此外还有新加坡"橡胶大王""黄梨大王""金融大王"李光前(陈嘉庚女婿)、菲律宾"木材大王"李清泉、缅甸"万金油大王""报业大王"

"大慈善家"胡文虎、马来西亚"锡矿大王"胡子春等。

而今在全球化的浪潮下,闽商的身影更是遍布世界各地,他们在异国他乡辛勤耕耘,用智慧和汗水书写着属于自己的传奇。据统计,有华人的地方就有闽商,他们凭借着敏锐的市场洞察力和创新精神,开设了众多餐馆店铺,并随着市场的拓展和需求的升级,逐渐扩展到其他专业领域。

(二)妈祖信俗文化:立德、行善、大爱

如果说福建作为海上丝绸之路与郑和下西洋的重要据点主要体现在海洋航运与商贸上,那么发源于莆田湄洲岛的妈祖信俗文化则是福建对中国乃至东南亚海洋文明最大的信仰文化输出。

在海外贸易与远洋航行中,面对海浪的威猛与无情,人们最为渴望的便是船舶平安、不受狂风巨浪侵害。这种诉求促使他们寻求海神的庇佑,使他们在汹涌波涛的风险之中寻求心理支撑,以安抚心灵,得到精神寄托;也使海外闽人的思乡情怀得到慰藉。因此,在福建海洋文化中,信俗文化便成为不可或缺的元素之一。在这样的背景下,福建孕育了丰富的海神、水神信仰。其中,最广为人知的便是妈祖信俗。

妈祖原名林默,人称"默娘",是莆田湄洲岛人。传说她生来具有神力,医术了得,能预测人的祸福和运势。在其生前身后,渔民和商人在出海前,都要在她面前祈祷,得到允许,才敢出发。史书记载,郑和七次下西洋,每次都带着妈祖的神像,为其保驾护航。妈祖是经过官方认可并敕封的神明。据统计,自宋代开始到清代,朝廷共敕封妈祖达三十六次之多,头衔从"夫人"到"天上圣母"。妈祖精神的核心是立德、行善、大爱,这与中国传统文化哲思的善、孝文化是一脉相承的。

随着华人走向海外,妈祖信俗也在世界各地落地生根。妈祖信俗不仅在华人社群中流传,还逐渐获得了世界各地人们的认同。妈祖信俗的广泛传播使得妈祖在全球范围内都享有很高的声望。据统计,妈祖的信众大约有三亿人,这些信徒来自五湖四海,这种跨地域、跨文化的信仰传播,不仅展示了妈祖信俗的生命力,也反映了华人在海外的影响力。

妈祖信俗具有多元性,吸收了儒、释、道等多元文化,形成了独具特色的信仰体系,并在向世界传播的过程中,与当地文化相互交融、相互影响,形成了包容性和开放性的特点,从而进一步丰富了福建海洋文化的内涵。

(三)马尾船政文化:责任、担当

福建马尾船政文化是近代史中不可或缺的一笔,它不仅是福建人民的宝贵精神财富,也是中华民族海洋文明的重要组成部分。

鸦片战争之后,中国的国门被迫打开,面对西方的强大,中国先进的知识分子和官员们开始反思和寻求改变。为了富国强兵,林则徐编撰了《四洲志》,开了中国学习西方和了解世界风气的先河。魏源在《四洲志》基础上,写成了《海国图志》,提出"师夷长技以制夷"的思想,旨在通过学习西方的先进技术来增强国家的实力,进而抵御外敌的侵略。洋务运动的倡导者之一——闽浙总督左宗棠进一步推动了这一思想。他深刻认识到,要想实现国家的自强,必须开放海禁,积极引进和学习西方的船械技术。他上书清廷,明确指出:"欲防海之害,而收其利,非整理水师不可;欲整理水师,非设局监造轮船不可。"请求在福建省择地设厂,购买机器设备,招募外国技术人员,自制火轮兵船。 这一观点得到了清廷的认可和支持。 之后,福州的马尾被选为设厂的地点。

福州船政局的建立标志着福州造船业步入了前所未有的黄金时期,在短短的时间内就取得重大成就,引起国人和世人的瞩目。 位于福州马尾的福州船政局,不仅是近代中国(也是远东地区)最大的船舶制造中心和基地,也是中国规模最大、影响最深远的造船工厂,更以其完备的设备和技术、严格的人才培养和管理理念,成为中国近代造船业的典范。 该造船厂采用了当时最为先进的生产技术和管理理念,聘请了众多国外专家,进行了严格的培训和选拔。 在技术和设备的支持下,福州船政局制造的船只质量优良,"不亚于外洋",其工程规模亦"有倍于曩昔"。 船政局引进西方管理制度,突破了"中体西用"的旧体制,探索出"中外合作"新型管理体制,这是福建船政在制度文化层面所作出的开创性贡献。

除了技术和设备的优势外,福州船政局还非常注重人才的培养,开设了一系列专业课程,培养出众多优秀的青年。 据统计,马尾船政培育的海军军官约占中国近代海军军官的五分之三。[1] 这些经过严格培训的海军军官,不仅掌握了先进的航海技术和战术,也具备坚定的爱国精神和忠诚的职业操守。 福州船政局培养出来的我国第一支近代海军,在抗敌御海、保卫海疆的战争中发挥着积极作用。 他们为中国海军的崛起和国家的独立自强作出了不可磨灭的贡献。

---

[1] 赵君尧.船政文化产生与福建海洋文化渊源[J].职大学报,2006(1):101.

福州船政局的建立和发展,不仅是中国近代造船业的重要里程碑,更是中国现代化进程中的重要事件。此外,它也从另一个角度展示出中国人民在面临外敌入侵和国家危机时,所表现出的顽强拼搏和自强不息的精神。

三、红色文化

红色文化资源,是指中国人民在马克思主义理论指导下,在中国共产党的领导下,在理论与实践过程中所创造并遗留下来的、以精神与物质形态存在的一种特殊文化形态。[①] 这些资源不论是在物质层面还是在精神层面均具有重要的历史价值,共同构成了中国红色文化的丰富内涵,为后人传承和发扬红色文化提供了宝贵的财富。

福建革命历史与中国共产党领导中国人民开展新民主主义革命斗争的光辉历史是同步发展的,福建革命斗争自肇始就与中国共产党历史紧密联系在一起,并成为党的光辉历史的重要组成部分。福建苏区占中央苏区的半壁江山,是红军的故乡和将帅的摇篮,是毛泽东思想的初步形成地。据统计,在福建全省的县(市、区)中,有革命老区和根据地的县(市、区)占比将近80%;而拥有中央苏区的县(市、区)占比约44%。这些数据的背后,是福建丰富的党史事件。许多关键会议都在福建召开,例如为革命事业的推进指明了方向的中共闽西第一次代表大会、古田会议等历史性的会议。许多重要革命事件亦在福建开展,例如永定暴动、赛岐暴动。众多的红色政权亦在福建省内建立而成,例如中共闽东临时特委、闽东苏维埃政府等。这些红色政权在斗争

---

① 渠长根.红色文化概论[M].北京:红旗出版社,2017:94.

第四章　大学生创新创业价值观培育的福建探索

中不断发展壮大,为最终取得革命的胜利奠定了坚实的基础。

(一)物质形态的红色文化资源

就物质层面而言,红色文化资源包括具象的革命遗址和纪念实物,例如革命时期的武器、生活用品、文献资料等。在福建这片红色的土地上,革命的火种曾经燃烧得无比炽烈,无产阶级革命家毛泽东、刘少奇、朱德、周恩来、邓小平等都曾留下深刻的足迹。这些革命家的活动,不仅留下了丰富的红色人文史料,也为福建的红色文化增添了浓厚的历史底蕴。

据统计,福建拥有不可移动革命文物共计1831处。① 这一数字不仅令人震撼,更展现了福建在革命历史中的重要地位。革命遗址如古田会议纪念馆,它不仅是纪念古田会议的重要场所,更是展示中国共产党在革命战争时期的重要思想和实践的窗口。其他革命遗址还包括毛泽东才溪乡调查纪念馆、宁化县红军医院等。革命人物故居包括叶飞故居、黄孝敏故居、刘亚楼故居等,这些旧址不仅是历史的见证,更是后人了解革命人物、传承革命精神的重要载体。革命烈士纪念场所如福州文林山革命烈士陵园、闽东革命烈士陵园、闽西革命烈士陵园、厦门革命烈士陵园、连江县革命烈士陵园等,这些陵园不仅是对革命烈士的崇高敬意和深切缅怀的体现,也是后人弘扬爱国主义精神的重要场所。这些有形的物品不仅是革命历史的直接见证,而且为我们了解和研究革命历史提供了重要的实物资料。通过对这些物品的研究,我们

---

① 红色标语:福建革命历史的独特印记[EB/OL].(2024-01-12)[2024-11-21]. http://wwj.wlt.fujian.gov.cn/xwzx/wbyw/202401/t20240116_6381221.htm.

可以更加深入地了解革命历史的细节,更加真切地感受革命先烈的英勇事迹和崇高精神。

此外,福建地区在各个革命历史时期形成的革命纲领、革命理论、革命刊物、文艺作品等文献资料,也是十分重要的红色文化资源。例如,阐述农村包围城市、武装夺取政权的中国革命道路发展理论的《星星之火,可以燎原》,提出了党的实事求是的思想路线的《反对本本主义》,形成了党的群众路线思想的《关心群众生活,注意工作方法》《才溪乡调查》等一系列光辉著作;《中国工农红军军用号谱》、红军标语等革命文物;《如梦令·元旦》《渔家傲·反第二次大"围剿"》等革命诗歌;八闽学子创办的革命刊物《岩声》《冲决》等。

(二)精神形态的红色文化资源

就精神层面而言,红色文化资源包括革命先烈们在艰苦卓绝的斗争中形成的革命传统、革命精神和革命作风,包括坚定信仰、无私奉献、艰苦奋斗等。作为中华民族精神的重要组成部分,红色革命精神承载着革命先烈的崇高理想和坚定信念,是激励我们前进的不竭动力。

在中国共产党的领导下,福建地区的革命志士为了民族独立、人民解放,不畏艰险,勇往直前,创造了一系列宝贵的红色精神,不仅在中国共产党革命精神史上独树一帜,而且成为我们今天凝心聚力的强大精神支柱。福建省亦因这些深厚的红色精神而熠熠生辉,例如红色革命精神之一的苏区精神,强调"坚定信念、求真务实、一心为民、清正廉洁、艰苦奋斗、争创一流、无私奉献"。古田会议精神的内涵可以概括为"思想建党、政治建军；实事求是、群众路线；敢于斗争、团结统一"①。这一精神强调了党的建设和人民军队建设的重要性，为革命事业的胜利奠定了坚实的基础。

在革命战争年代，革命先烈们始终坚守着共产主义信仰，正是这种坚定的理想信念，使他们在极其艰苦的条件下，不断取得革命的胜利。面对敌人的围追堵截和艰苦的自然环境，他们始终保持着艰苦奋斗的作风，不断推动革命的进程。他们抛头颅、洒热血，视死如归，大义凛然。在中央红军战略转移的关键时刻，创造出8.6万红军中有近3万福建子弟的军史奇迹，并在湘江战役、突破乌江、智取遵义、飞夺泸定桥、爬雪山、过草地、攻占腊子口等一系列著名恶战中屡建奇功，到达陕北后福建子弟仅剩2000余人，平均每1里就有1位福建子弟牺牲在长征途中。②

革命精神不仅是中国革命胜利的重要保证，也是推动中国特色社会主义事业不断前进的强大动力。在今天，我们仍然需要继承和发扬这种革命精神，为实现中华民族伟大复兴的中国梦而努力奋斗。因此，我们应该重视红色文化资源的保护和利用工作，将红色文化延伸到人们的日常生活中，唤起人们保护和传承红色文化的意识。③

四、绿色文化

广义的绿色文化，是一种致力于促进人类与环境和谐共进、推动人

---

① 刘大可,庄恒恺,陈佳.精神谱系:中国共产党精神的福建篇章[J].中共福建省委党校(福建行政学院)学报,2021(5):6.
② 王建南.福建红色文化读本:大学版[M].福州:福建人民出版社,2020:6.
③ 尚久荻.地方红色文化资源保护与旅游发展研究[M].北京:北京工业大学出版社,2021:41.

类社会可持续发展的文化形态。它涵盖了持续农业、持续林业以及所有避免环境牺牲的绿色产业、生态工程、绿色企业和绿色技术等领域。而狭义的绿色文化,则特指人类在适应环境过程中所创造出的以绿色植物为核心的文化,这包括采集—狩猎文化、农业、林业、城市绿化等,以及所有与植物科学相关的领域。①

绿色文化与生态环境息息相关。生态系统具备一定的自我修复机制,对于局部和轻微的生态问题,该机制能够有效进行调整和恢复。然而,人类为了攫取更多的物质利益,无视自然发展规律,无节制掠夺自然资源,破坏地球生态系统的平衡,造成人与自然关系的异化,进而引发生态危机。生态危机的发生揭示了整个生态系统的深层次问题,并非仅仅局限于某一特定区域。鉴于生态危机的复杂性和长期性,我国提出了生态文明建设的重要战略,以应对这一全球性挑战。绿色文化是生态文明建设的文化表征,承载生态文明建设的价值理念和物质成果,也是中国特色社会主义文化的重要组成部分。绿色文化因生态文明而生长,生态文明又因绿色文化而进步。

福建是习近平生态文明思想的重要孕育地和实践地。福建省始终致力于深化生态省和国家生态文明试验区建设,以绿色作为推动高质量发展的核心底色。截至2024年,森林覆盖率连续45年保持全国第一,历年污染防治攻坚战成效考核均为优秀,主要污染物排放强度为全国平均水平的60%……福建产业向绿与生态向美同频共振。为有效管理生态环境,福建省实施了分区管控策略,将全省精细划分为791个优先保护单元、835个重点管控单元和135个一般管控单元,明确了各地

---

① 车生泉.绿色文化探析[J].环境导报,1998(4):4-6.

第四章 大学生创新创业价值观培育的福建探索

产业发展的空间布局和规范。此外，福建省还严格执行生态环境准入清单，将环境容量作为引进项目的重要考量因素，坚决杜绝污染转移等问题的发生，以确保生态环境的质量和安全。

良好生态环境是最普惠的民生福祉。福建正以实际行动践行绿色发展理念，让闽山闽水在长效保护的滋养下，绽放出前所未有的多彩魅力。以福州市为例，福州市拥有2200多年的建城历史，城市四周青山环绕，河网密布，公园遍布。这里不仅有40多个综合性公园，还有1500个街头公园、串珠公园，使得福州市成为名副其实的"千园之城"。如今福州市已经实现了"推窗见绿、出门见园、行路见荫"的美丽愿景，蓝天碧水，街巷整洁，风景如画，构建了一个山、水、林、城和谐共生的生态宜居城市格局。依托得天独厚的山水条件，福州精心打造了数百公里长的城市绿道，这些被誉为"福道"的休闲步行绿道，将多座山峰巧妙地串联起来。如位于福州市鼓楼区西部的福山郊野公园"福道"，是一条长达20公里的绿道，它沿着山势蜿蜒前行，将大腹山、五凤山、科蹄山等3座山峰和36个重要景观紧密相连。公园的设计既充分保护了原生态的自然植被，又保留了山林乡野的独特风貌。这是福州市在生态环境建设方面的显著成果之一。

作为全国首个国家生态文明先行示范区和全国首个国家生态文明试验区，福建坚持生态环境"高颜值"和经济发展"高素质"协同并进，通过政策引导、标杆带动、示范推广、优化生态等举措，深入推进工业数字化转型，全面推动制造业绿色发展。数据显示，福建以约占全国

3％的能耗,创造了全国4.3％的经济总量。① 在龙岩上杭县,传统金铜矿开采业的产业链不断延伸,通过将铜冶炼的副产品硫酸"变废为宝",氢氟酸、含氟材料等新材料产业快速发展;锂电池材料、半导体材料、高端湿电子化学品材料产业也在拔节生长,共同推动上杭成为全国百强县。 在厦门海沧台商投资区,海润码头的绿色智慧港口建设正快速推进,过去有"油老虎"之称的龙门吊已改为电力驱动,纯电动巡逻车和叉车忙碌往返,拖车过闸已完全实现智能化运作,生产节能率已达18.9％。 2024年1月,厦门市和厦门海沧台商投资区入选全国首批减污降碳协同创新试点城市和产业园区。

作为全国最绿省份之一,福建凭借丰富的自然资源和优美的生态环境,创新打造了一批独具特色的森林康养基地及产品。 短短几年时间,福建各地通过林业、健康服务业、旅游业等产业交互融合,使森林康养实践蓬勃展开。 全省打造了自然疗愈、睡眠康养、温泉疗养、培训研学、观鸟休闲、食疗养生等特色森林康养产品,吸引越来越多的游客前往。 在清流县的天芳悦潭温泉度假村,游客在如画的美景中体验森林禅道、温泉疗养、茶叶采摘和特色柴火灶,尽享"森"呼吸,放松和疗愈身心。 大田县翰霖泉森林康养基地打造"森林人家"康养之所,为游客提供健康管理服务。 游客来到这里,不仅身体得到调养,还能将康养知识带回家。 随着以"森林康养＋"为牵引的各类绿色经济新引擎逐渐兴起,福建绿色产业正高速发展。

---

① 刘晓宇,余荣华.福建不断健全绿色制造体系:产业向绿 生态向美[N].人民日报,2024-08-15(1).

第四章　大学生创新创业价值观培育的福建探索

第二节　福建大学生创新创业的价值遵循

人与环境是教育系统的两大核心要素，二者互相依存、互相影响，同时赋能教育，为教育系统持续、健康的运行提供了坚实的基础。马克思关于"人与环境"关系的论述中，详细说明了二者双向互动、相互影响的过程："人创造环境，同样，环境也创造人。"[①]这种互动关系具有鲜明的社会性特征，不仅仅是个体与环境之间的简单互动，更是社会整体与环境之间的复杂联系。在教育领域，这种互动表现为教师通过教育活动去影响和塑造学生，而学生也在这一过程中受到外在环境的影响。教师在教学过程中不断探索创新教育方式方法，以适应不断变化的外部环境，学生也在这一过程中实现自身的成长和发展，由此实现教育与环境的和谐共生和相互促进。

上一节归纳总结了福建的地域特征和文化特点，深入分析了山海福建的开放包容、闽商精神的敢为人先、妈祖信俗的道德监督、马尾船政的家国情怀、红色文化的坚韧不拔与绿色文化的和谐共生。在全球化与地域文化交融碰撞的当代，福建省凭借其独特的地理位置和深厚的文化底蕴，形成了以海洋文化为核心的多元价值体系。这些地域文化基因具有丰富的育人价值，是引领大学生创新创业的教科书，应当成为福建大学生创新创业的价值遵循。

本节将探讨福建地域文化元素如何共同塑造福建大学生的创新创业

---

① 马克思,恩格斯.马克思恩格斯文集:第1卷[M].北京:人民出版社,2009:545.

价值观,并在此基础上研究它们对大学生的创新精神和实践能力培养的影响。福建的海洋文化鼓励大学生创业者开拓创新,闽商精神的爱拼敢赢特质极大地激发了他们的创业热情和市场竞争意识。妈祖信俗的道德规范引导大学生创业者立德行善,而船政文化的内涵特质强化了大学生的爱国情感和社会责任感。红色文化的熏陶则使他们在面对困难时表现出坚韧不拔的精神,绿色文化引领教育学生在创新创业中坚守创业生态责任。

党的二十大报告指出,"坚持创造性转化、创新性发展,以社会主义核心价值观为引领,发展社会主义先进文化,弘扬革命文化,传承中华优秀传统文化,满足人民日益增长的精神文化需求,巩固全党全国各族人民团结奋斗的共同思想基础,不断提升国家文化软实力和中华文化影响力"[①]。将福建地域文化资源有机融入大学生的创新创业价值观培育,能够增强学生的身份认同感和文化自信,强化他们的创新意识和社会责任感,提升竞争能力和道德素质,同时也是对福建地域文化的创造性转化、创新性发展。通过这一过程,大学生能更好地适应国家战略发展的需要,成为具有国际视野和本土情怀的新时代创业者。

当前,面对快速变化的社会环境和激烈的就业竞争,高等教育亟须给学生树立正确的价值导向以促进其全面发展。本书结合福建地域文化,探讨大学生创新创业价值观的养成模式,不仅为大学生思想政治教育研究提供了新的视角和新的范式,也为高校教育工作者和政策制定者在设计相关培育策略和实践活动时提供了理论依据和实践指导。通过

---

① 习近平.高举中国特色社会主义伟大旗帜 为全面建设社会主义现代化国家而团结奋斗:在中国共产党第二十次全国代表大会上的报告[M].北京:人民出版社,2022:43.

第四章　大学生创新创业价值观培育的福建探索

深化对福建地域文化特征的认知,并将其融入大学生创新创业价值观培育,有效提升了创新创业教育和人才培养的实效性,为帮助大学生成为时代需要的高素质创新型人才奠定坚实的基础。

一、海洋文化的开拓创新价值遵循

福建海洋文化的意义与价值不仅仅体现在物质文明建设上,更是一种生生不息的精神传承。作为福建地域文化的重要组成部分,海洋文化孕育了一代又一代敢于冒险、创新进取的福建人。福建的海洋文化不仅仅是关于海洋的经济开发和利用,更是一种生活方式、一种精神象征。这种文化不仅是历史积淀的产物,更是现代社会发展的动力源泉,它涵盖了广泛的领域,包括但不限于经济、社会、科技等多个层面。而这种深植于骨血中的开拓创新精神,对大学生创新创业价值观的塑造具有不可替代的作用。

海洋文化的精髓在于其开放性、包容性和冒险精神,从传统的"渔盐之利"到现代的远洋捕捞、全球贸易,福建人民在与海洋的互动中展现出了不畏艰难、勇往直前的精神特质。这种特质,在当今全球化和信息时代背景下,显得尤为重要。在全球化浪潮中,如何在保持自身文化独特性的同时又能与其他文化交流互鉴,成为创新创业价值观培育中不可或缺的一部分。这一特性促使大学生创业者在成长过程中,不局限于传统和固有的知识体系,而是接纳多元文化,从而具备更为全面和国际化的视野。福建海洋文化的包容性指引大学生创业者们通过不断学习和吸收,实现自身的成长和发展。

海洋文化中的刚毅拼搏和勇闯世界的精神,对大学生创业者的个性发展和心理素质的塑造也起着至关重要的作用。创业要有一股闯劲,面对现代社会的快速变化和激烈竞争,这种精神能够激励大学生创业者不畏艰难,勇于挑战,不断突破自我限制,最大限度地发挥个人潜能。它不仅鼓励大学生创业者拓宽视野,更激励他们勇于面对未知挑战,主动探索世界的奥秘。在学术探究和思想碰撞中,海洋文化的这一特质为大学生创业者提供了一个无边界的思考平台,激发他们的创新意识和创造力。

海洋文化还强调跨界融合和持续创新。在知识爆炸的时代背景下,大学生创业者需要学会如何智慧地获取、分析和运用信息。面对快速变化的市场环境和技术趋势,大学生创业者要不断学习新知识、新技能,跟上时代发展的步伐;在学习过程中注重方法与策略,培养批判性思维和问题解决能力;关注不同领域的动态,学习跨界知识,激发创新思维,探索新的商业模式和市场机会。

福建人出海谋生的故事、拼搏奋斗的精神对于大学生创业者而言,是一种强大的内驱力,促使他们在学业、事业乃至人生中不断追求卓越。曹德旺先生的故事便是海洋文化精神的生动体现。他的成功不仅仅是个人奋斗的结果,更是海洋文化中那种永不满足、持续创新的精神的体现。获得巨大成功后的曹德旺依然不断推出创新产品,比如可将车内噪声降低 5～10 分贝的隔音玻璃,原片厚度只有 1.1 毫米的夹层玻璃,嵌有数据采集芯片的汽车玻璃等高端产品。[①]

在全球新一轮科技与产业加速变革的时代,要实现高质量发展和经济转型升级,创业者必须保持创新思维和创新意识,不断创造新的技

---

① 翁乾明.福建海洋文化的特质及其弘扬:以曹德旺先生与德旺中学为例[J].福建基础教育研究,2020(8):142.

术、新的产品,以提升创业企业的核心竞争力。 创业是充满艰辛和曲折的探索,离不开创新精神引领。 大学生创办新企业如果不破除陈旧观念,不锐意创新,终究会被市场和消费者抛弃。 新时代创业者要传承先辈敢为人先、不断进取、勇于创新的精神和勇气,敢于啃"硬骨头"、攻克"卡脖子"难题,在遵循价值创造规律和市场运行规律的基础上,有所发现、有所发明、有所创造,推动人类社会不断向前发展。

总之,海洋文化的开拓创新价值遵循,为大学生提供了一个多维度的成长环境,不仅促进了他们知识技能的提升,更重要的是塑造了他们的个性特质。 在福建大学生创新创业价值观培育中,植入在地文化的海洋文化价值遵循,可以使大学生展现出较强的适应能力、创新意识和较广阔的全球视野,这对于全球化背景下的中国大学生来说至关重要。通过深入挖掘和传承海洋文化的内涵,大学生能够在新时代的浪潮中,勇立潮头,成为具有创新精神和国际视野的新一代青年。 高校应当通过教育、实践等多种方式,逐渐将海洋文化的开拓创新精神渗透到大学生的创新创业价值观中,使之得到传承,使大学生创业者更深刻地理解和领悟开拓创新精神的内涵,在新时代的大潮中乘风破浪,勇敢前行。

二、闽商精神的爱拼敢赢价值遵循

在探讨福建地域文化资源对大学生创新创业的价值遵循时,尤其值得关注的是闽商精神的"爱拼敢赢"特质。 这一精神不仅是商业实践的产物,而且是高校创新创业价值观培育的重要来源。 它蕴含的价值理念,如同一股看不见的力量,引领着福建的青年学子们在追求学业卓越的同时,铺就一条实现个人理想与社会发展相结合的道路。

闽商精神是在长期的商贸实践中孕育而成的。 闽商凭借坚韧的意志和勇气，从海洋走向世界，形成了"爱拼敢赢"的精神特质。爱拼敢赢不仅凸显了闽商的冒险与拼搏精神，更展现了他们的探索与创新，以及敢为天下先的气概。闽商自古就敢于冲破封建重农抑商的束缚，大胆下海开洋贸易，不畏艰险，勇往直前；改革开放之后，闽商敢于勇立商品经济大潮的风口浪尖，在成就一番事业的同时也推动了市场经济的发展。在"一带一路"倡议的号召下，闽商离家出海、远走非洲，闯出了敢为人先的创业新路，在非洲大地演绎了爱拼敢赢的人生传奇，留下宝贵的精神财富。创业是一个充满挑战和机遇的过程。大学生创业者要敢于冒险，勇于尝试，在复杂多变的市场环境中寻找机遇，开拓新的领域，创造新的价值；要以市场需求为导向，时刻关注行业动态和市场变化，及时调整自己的经营策略，以适应不断变化的市场环境；要培养敏锐的市场嗅觉，学会面对挑战时敢于创新，打造出具有独特优势的产品或服务；要在实践中不断摸索，总结经验、吸取教训，调整自己的知识结构和技能以适应经济发展的新要求。通过这样的过程，大学生创业者能够逐步形成一种积极主动的生活态度和价值观，为将来融入社会、参与竞争打下坚实的基础。

闽商精神还表现为诚信经营、质量至上、公平竞争。这对于塑造正直、守信的创业人格，营造健康有序的竞争环境同样具有重要意义。在日益激烈的市场竞争中，保持企业的信誉和产品的品质是赢得消费者信任的关键。创业者对客户以诚相待，才能赢得产品的好口碑和客户的信赖；对合作伙伴以诚相待，才能维持长期稳定的合作关系；对员工以诚相待，才能得到员工的认可和支持。创业不是轻而易举的事情，缺乏诚信意识是非常致命的"毒药"，往往会使大学生创业者误入歧途，导致竹篮打水一场空。大学生创业者要坚守诚实守信的创业道德品质,自觉抵制各种失信行为,依法合规经营,才能开好局、起好步、谋好篇,为成功创业提供有力保障。同样地,大学生在学术研究和社会实践中也应坚守诚信原则,追求卓越品质,不断提升自身的综合素质。这种对质量与信誉的双重追求,不仅能够激发大学生对专业知识的深入钻研,更能够促使他们树立正确的人生观和价值观。

闽商精神还涵盖了一种开放包容的心态和国际化视野。福建作为海上丝绸之路的核心区域,历史上一直是对外交流的重要窗口。这种开放的历史背景赋予了闽商精神一种天然的国际视野和包容心态。对于正在成长的大学生创业者而言,这意味着他们需要拓宽视野,学习和吸收国内外先进的知识和经验,同时也要学会尊重多元文化,培养国际合作的能力。此外,闽商精神还强调了坚持和毅力的重要性,让大学生明白任何成功都非一蹴而就,而是需要长期坚持不懈的努力。

闽商精神的爱拼敢赢特质是福建大学生创业者立足市场的宝贵财富,也是他们全面发展的指导原则。这种精神的培养和实践,有助于大学生创业者形成正确的价值观念,为他们走向社会、成就事业提供不竭的精神动力。在创新创业价值观培育中发挥闽商精神独特的引导作用,对于培养具有市场竞争力的高素质人才具有重要意义。

总之,闽商精神的爱拼敢赢价值遵循不仅是福建地域文化中的一颗璀璨明珠,更是引领青年学子在成长道路上不断前行的精神灯塔,是指引大学生创业者在竞争与合作中实现自身价值的最大化,为社会发展贡献智慧和力量的有效途径。

三、妈祖信俗的立德行善价值遵循

在福建地域文化资源的丰富宝库中,妈祖信俗以其悠久的历史和深厚的社会影响力，成为一道独特的文化风景。作为福建地域文化资源的重要组成部分，妈祖信俗不仅仅是一种民间信仰，更是一种深深植根于福建人民日常生活中的文化现象；妈祖信俗不仅仅是一种对海神的崇拜，更是一种深植于民间的道德准则和生活哲学。它超越了宗教信仰的范畴，成为人们立德行善、弘扬正义、传承友善的价值遵循，也深刻塑造了地区社会的道德观念和行为规范。对于正处于价值观形成关键期的大学生创业者而言，妈祖信俗所蕴含的道德修养意义不容小觑。

妈祖信俗的精神要义是立德、行善、大爱，提倡个体应当追求道德上的高尚与无私。这种思想贯穿于信徒的日常实践中，倡导人们在社群中互帮互助，体现了人与人之间的和谐相处。对于大学生创业者而言，妈祖信俗所传达的这一价值遵循不仅有助于他们塑造良好的个人品德，还激励他们成为有益于社会的公民。尤其在精致主义和个人主义日益盛行的今天，妈祖信俗所强调的集体利益高于一切的思想，能够有效地化解大学生创业者的价值冲突，引导他们在追求个人发展的同时，不忘对社会的责任和贡献，并指导大学生如何在复杂的社会关系中作出判断，平衡好个人利益与集体福祉。

妈祖信俗具有救苦救难、慈悲为怀的精神内涵。这种以他人为中心、无私奉献的行善理念，对于大学生构建正确的创新创业价值观具有积极的引导作用。行善被视为一种生活的艺术，它要求个体在日常生活中不断实践善举，无论是对自然环境的保护，还是对他人的关爱与帮助。如此的生活态度培养了大学生创业者的同情心和责任感，使他们学会在现实生活与社会交往中，主动寻找服务他人的机会，在实现自我价值的同时为社会作贡献。

妈祖信俗强调的集体意识亦是其立德行善价值遵循的重要组成部

第四章 大学生创新创业价值观培育的福建探索

分。在共同的信仰下,个体不是孤立存在的,而是社区和社会的一部分。这种强烈的归属感和集体主义精神促使大学生认识到个人行为对社群的影响,从而更加重视团队协作和社会和谐。妈祖信俗中的和谐共处、互助友爱等社交原则,为大学生提供了人际交往的宝贵指南。在校园生活中,大学生往往需要处理各种复杂的人际关系。妈祖信俗中关于和睦相处、相互尊重的教导,能够帮助大学生在建立友谊和维护人际关系时,更加圆融和通达。通过参与志愿服务、社区建设和文化交流等活动,大学生能够将妈祖信俗中的立德行善融入自身成长的每一个阶段,逐步构建起富有责任感和使命感的个人品格。

妈祖信俗还强调内心的平和与自我修养。在快节奏的现代生活中,大学生面临着学业压力、就业竞争等多重挑战,心态的调整尤为重要。妈祖信俗鼓励人们保持内心的宁静和坚定,这种精神上的力量能够帮助大学生创业者在面对困难和挑战时,保持清醒的头脑和坚强的意志。

妈祖信俗中敬畏天命、顺应自然的生活态度,也为大学生创业者提供了关于人与自然和谐共生的哲学思考。在环境问题日益严峻的当下,这种尊重自然、顺应规律的态度,不仅有助于大学生创业者形成环保意识,更能够激发他们对生态文明建设的责任感。

总之,妈祖信俗不仅是福建地域文化的瑰宝,更是大学生创业者加强道德修养的重要资源。妈祖信俗的立德行善价值遵循不仅是福建地区传统文化的精髓,更是指引大学生走向成熟、全面发展的灯塔。通过对妈祖信俗这一价值遵循的深入理解和实践,大学生创业者能够在道德修养、社会责任感和人际关系等方面获得显著提升,成为既有文化底蕴又有社会责任感的时代青年,为未来的创业实践奠定坚实的基础。

四、船政文化的爱国爱家价值遵循

福建船政文化不仅体现了对海洋的征服和利用，更是对家国情怀的坚守和传承。福建船政文化在培育家国情怀方面提供了丰富的教育资源和不竭的精神动力，大学生创业者可以从中深刻体验到爱国爱家的价值遵循，从而更好地理解和践行创新创业价值观。

传承福建船政文化是对历史的缅怀，也是对未来的期望。从历史角度来看，福建船民勇于探索的精神和跨海交流的经验，都是培养爱国情怀和国家认同感的重要资源。例如，清代《闽都别记》中所展现的海洋叙事不仅反映了福建人与海的密切关系，也体现了他们对家国的深厚情感。这种情感在当代大学生中仍旧能找到共鸣，激励着他们在追求个人发展的同时，不忘承担起服务社会、报效国家的责任。

船政文化蕴含的家国情怀，可以引导大学生树立正确的国家观。在全球化的背景下，大学生创业者面临着多元文化的冲击和挑战，如何坚守自己的文化立场和价值取向，成为他们成长过程中不可回避的问题。福建船政文化为大学生创业者提供了一种坚定的价值遵循，使他们能够在复杂的社会环境中，始终保持对国家的忠诚和热爱。

船政文化蕴含的责任担当，可以培养大学生创业者的社会责任感。在当今社会，大学生作为创新创业的有生力量，他们的社会责任感显得尤为重要。福建的国防历史故事，以爱岗敬业、舍家为国的精神，体现了一种崇高的社会责任感和使命担当意识。我国是世界人口大国，与发达国家相比，我国在综合国力、科技实力上还存在很大差距，建设富强民主文明和谐美丽的社会主义现代化强国还面临着诸多困难与挑战。作为当代大学生，要充分认清时代的责任和义务，主动将个人奋

第四章　大学生创新创业价值观培育的福建探索

斗目标与国家发展、民族命运结合起来,"为中华之崛起而读书",刻苦学习,不懈奋斗,勇攀高峰,到国家最需要的地方去,不断开拓民族复兴之路。大学生创业者要把实现个人价值与国家命运、社会价值紧密联结在一起,探寻实业兴国、创新强国之路,发挥历史主动精神,为国担当、为国分忧,在创新创业实践中掌握建设祖国、服务人民的本领,切实担负起实现中华民族伟大复兴的时代重任。

总之,福建船政文化以其深刻的历史根源和独特的文化内涵,为大学生创新创业价值观养成提供了一个广阔的实践平台。大学生可以深入地研究和探讨船政文化和海军传统,从而更好地理解和把握家国情怀与责任担当的内涵和价值。对船政文化资源的深入挖掘和应用,能为大学生创新创业价值观的形成和发展提供价值遵循,使大学生厚植家国情怀,成为具有历史使命感和担当精神的新时代创业者。

五、红色文化的坚韧不拔价值遵循

红色文化作为一种特殊的文化现象,根植于抗争历史与革命先烈的不屈斗争,凝聚了无数英雄的心血与智慧,彰显了中国共产党人和广大人民群众的优良传统和品格风范,汇聚着无数充满热情且代表着意志力的价值观念。红色文化对于当代大学生来说是非常珍贵的历史资源,是对大学生进行思政教学的重要内容。我们应该利用好红色文化资源,将红色文化渗透到大学生的思政教学中,继续传承红色文化精神,让一代又一代大学生从中获得精神力量。[1]

在福建地域文化资源的丰富宝库中,红色文化的坚韧品质无疑占据

---

[1] 杨杰.文化渗透视角下高校思政教学探究[M].长春:吉林大学出版社,2023:48.

着显著的地位。这一文化资源不仅深刻地展现了福建的历史轨迹，而且对于培养当代大学生创业者坚定的创业信念和不畏困难的创业精神具有不可估量的作用。福建红色文化如同一面旗帜，指引着大学生创业者在正确的道路上前行，教导他们理解责任与担当的真正含义。无数历史事件和文化遗产传递着一种坚韧不拔、勇往直前的精神力量，激励着大学生面对挑战时不退缩、不放弃。当大学生创业者在自我成长的道路上遇到困难和挫折时，红色文化精神便能成为他们最有力的精神支柱。大学生创业者要有苦行僧般的自律，耐得住寂寞，经得起考验。尤其在创业初期面对经验缺乏、资金短缺、人脉不足的压力，创业者必须要不停地找机会、融资金、建人脉，起早贪黑、风餐露宿是常态。人员紧缺的时候还需要自己承担多重角色，付出比常人多几倍的努力。大学生创业者要以革命先辈为榜样，在面对挫折和困难时坚韧不拔、毫不动摇，全力以赴战胜创业路上的艰难险阻，依靠顽强斗志拓展创业新天地。

福建红色文化启示大学生创业者应当具备坚定的理想信念和明确的人生方向。革命先辈们为了信仰和理想不惜牺牲个人利益，这种高尚的品质在今天依然值得学习。新时代大学生创新创业价值观培育应挖掘红色文化中理想信念的道义性，提升理想信念的感染力。心中有信仰，脚下有力量。大学生要从红色文化中汲取理想信念的力量，确立正确的创新创业价值取向，在创新创业实践中把个人理想与中国特色社会主义共同理想相结合，与时代同频共振，与祖国和人民血脉相连，立志为共产主义远大理想而奋斗。

福建红色文化所蕴含的坚持真理、敢于创新的精神，对于培育大学生创业者的独立思考能力和问题解决能力同样重要。大学生开展创业

第四章 大学生创新创业价值观培育的福建探索

实践活动,要反对形式主义,聚焦解决与国计民生相关的"真问题",从人民大众的"痛点"和"堵点"中寻找创业机会,避免创业项目浮于表面、不接地气。要脚踏实地,一切从实际出发,在创新创业实践中认识创新规律,把握创新规律,以善于求真的科学态度和创新精神引领创业实践。

福建红色文化的价值还在于其对集体主义和团队合作精神的强调。在日益全球化的今天,大学生创业者必须具备协作与共进的能力。通过学习和传承红色文化中的团结协作精神,大学生能够更好地在集体中定位自己,增强团队意识,提升协作能力,为未来的创新创业实践和职业发展打下坚实的基础。历史上的革命斗争往往是集体智慧和团队力量的胜利,这一点在当今社会依然适用。马克思将人的本质概括为"不是单个人所固有的抽象物,在其现实性上,它是一切社会关系的总和"[1]。创业如同拔河比赛,人心齐,泰山移。创业浪潮中,团队的核心作用越来越凸显,尤其在创业起步期,如果没有一个高素质、高水平的团队,再美好的创业计划也会被扼杀在摇篮里。大学生在创业初期充满激情,比较容易找到志同道合的合作伙伴,但是由于大学生追求个性、团队协作能力不足,创业企业往往难逃昙花一现的命运。大学生要从红色文化中汲取的不仅是坚韧不拔的个人品质,更重要的是学会如何在集体中发挥作用,如何与他人协作以达成共同的目标。

总之,福建的红色文化资源不仅是宝贵的历史遗产,更是大学生创新创业价值观形成的重要影响因素。通过对这些文化资源的深入挖掘和学习,可以培养大学生创业者坚韧不拔的精神、团结协作的能力和创

---

[1] 马克思,恩格斯.马克思恩格斯选集:第1卷[M].北京:人民出版社,2012:139.

新的思维,引导大学生形成健全人格,积极面对生活挑战,在国家和社会建设中发挥更大的潜力。

六、绿色文化的和谐共生价值遵循

绿色文化理念是人类社会从工业文明进阶到生态文明过程中为化解人与自然矛盾、改善人与自然关系、实现人与自然和解的科学理念,是人们自觉寻求的可持续发展之道。它强调在推动社会进步的同时,不断减少人类行为对环境所产生的负面影响,积极寻求人与自然的和谐共生。绿色文化理念代表中国未来发展的重要方向,致力于满足人们对美好生活的向往,以实现中华民族永续发展为价值追求与价值旨归。绿色文化理念体现了一种积极向上的精神,具有激励和鼓舞的作用。我们要通过有说服力的、贴近民众的方式,将绿色文化因子植入民众的心田。只有这样,一个社会才能实现健康、有序、和谐和可持续发展。[1] 培育绿色文化,关键要将绿色文化理念融入社会生活的方方面面,提高公众对绿色文化的认知水平,培育对绿色文化的情感认同,形成节能减排、爱护生态、节约资源、与人为善的绿色价值观及行为方式。

党的二十大报告提出,中国式现代化是人与自然和谐共生的现代化。[2] 推进生态文明、建设美丽中国是我国在新时代背景下的重要任务,既是响应全球文明进步趋势的体现,也是推动中华民族伟大复兴的

---

[1] 铁铮.绿色传播论[M].北京:光明日报出版社,2014:17.
[2] 习近平.高举中国特色社会主义伟大旗帜 为全面建设社会主义现代化国家而团结奋斗:在中国共产党第二十次全国代表大会上的报告[M].北京:人民出版社,2022:23.

第四章 大学生创新创业价值观培育的福建探索

必由之路。必须加快生态文明建设的步伐,倡导绿色生产方式、绿色生活方式、绿色思维方式,守护好良好生态环境这个最普惠的民生福祉,坚持走低碳、循环、可持续的绿色发展道路。2024年8月,中共中央、国务院印发《关于加快经济社会发展全面绿色转型的意见》,要求"推动经济社会发展绿色化、低碳化"[1]。创业是人类社会发展特有的经济活动,绿色创业是基于全球生态资源有限性和人类社会发展可持续性之间的矛盾而提出的一种创业理念,是指个人或者企业在政府政策支持引导下,兼顾盈利和环保双重目标,通过绿色管理和科技创新,承担一定风险去开拓新市场、培养新客户,创造出符合市场需求和消费者需要的绿色产品或服务,最终实现经济和环境可持续发展的活动。[2] 绿色创业将创业理念与环境保护相联系,是可持续发展理念在构建生态文明、建设美丽中国上的一种发展和创新。绿色创业体现了绿色文化的和谐共生价值遵循,是当前大学生创业领域的新方向,开辟了大学生创业的新境界。

习近平总书记指出:"绿色发展是高质量发展的底色,新质生产力本身就是绿色生产力。必须加快发展方式绿色转型,助力碳达峰碳中和。"[3]新质生产力理论为绿色创业提供了变革的新思路,要求转变传统价值实现方式,将绿色发展理念融入生产生活全过程,通过绿色科技创新减轻污染、降低能耗、改善生态,推进产业生态化和生态产业化,

---

[1] 中共中央,国务院.关于加快经济社会发展全面绿色转型的意见[EB/OL].(2024-08-11)[2024-08-24].https://www.gov.cn/gongbao/2024/issue_11546/202408/content_6970974.html.

[2] 许励恩.美丽中国视角下大学生绿色教育[M].厦门:厦门大学出版社,2024:178.

[3] 习近平.习近平在中共中央政治局第十一次集体学习时强调 加快发展新质生产力扎实推进高质量发展[N].人民日报,2024-02-02(1).

打造高效能、高质量、绿色化的生产力发展新范式。在全社会加快形成绿色生产生活方式的背景下，大学生创业者要树立生态环境保护意识和责任担当意识，在创业项目运营过程中处理好人与资源、环境之间的矛盾，自觉践行绿色创业理念，从"高污染、高能耗、高排放"项目向环境友好型、资源节约型项目转变，带动产业结构升级，促进能源结构转型，提高能源利用效率，实现生产、管理、销售等全流程绿色化，促进社会的可持续发展。

总之，大学生要秉承绿色文化的和谐共生价值遵循，坚守创业生态责任，摒弃传统生产力发展路径，树立新质生产力是绿色生产力的创业理念，在创新创业中既遵循生产力发展规律，又遵循自然规律，把发展新质生产力作为优先选择，做新质生产力发展的坚定践行者。在创业过程中，要积极践行勤俭节约、绿色低碳的生产模式和服务模式。例如，在农业生产中采用生态种植方式，减少化学物质的投入，确保农产品绿色、健康、安全，带动农产品附加值的提升；在产品加工中采用清洁能源、清洁生产工艺，大幅减少能源消耗和废弃物排放，提高生产效率和环保水平，改进产品质量；在康养服务中整合农林、文化、旅游、体育等各类资源，提供"绿养""文养""动养""食养"等特色服务，满足大众养身、养心和养性的生态康养需求；在创业融资中优先选择绿色金融，确保资金流向创业过程中的绿色环节；在日常生活中积极传播绿色价值理念，倡导简约适度、文明健康的生活方式，养成绿色出行、绿色消费、绿色办公的良好习惯。

第三节　福建大学生创新创业的政策支持

自2021年起,国家陆续颁布了《国务院办公厅关于进一步支持大学生创新创业的指导意见》《人力资源社会保障部 教育部 财政部关于做好高校毕业生等青年就业创业工作的通知》等文件,旨在进一步推动大学生的创新创业活动。为了深入执行相关决策,为本省大学生的创新创业活动提供更有利的环境和条件,激发创新创业活力,福建省政府办公厅在深入研究本省具体情况的基础上,于2023年底发布了《福建省进一步支持大学生创新创业若干措施》[①](以下简称《若干措施》)。

《若干措施》包括提升大学生创新创业能力、推进创新创业平台建设、完善"互联网+"大学生创新创业大赛可持续发展机制、促进大学生创新创业成果转化、提升大学生创新创业服务水平、落实大学生创新创业财税扶持政策、加大大学生创新创业普惠金融支持力度、引导社会资本支持大学生创新创业、完善大学生创新创业保障政策和加强大学生创新创业宣传引导等共10个方面的具体措施。

在提升大学生创新创业能力方面提出以下四点具体措施:首先,将创新创业教育融入高校人才培养的全过程,确保学生在接受专业知识教育的同时,也能获得创新创业方面的系统训练。其次,加强师资力量,实施高校教师创新创业能力和素养提升计划,通过培训和交流等方

---

① 福建省人民政府办公厅.福建省进一步支持大学生创新创业若干措施[EB/OL].(2023-01-04)[2024-05-04]. https://www.fujian.gov.cn/zwgk/zfxxgk/szfwj/jgzz/xzgfxwj/202301/t20230112_6093638.htm.

式，提高教师在创新创业领域的专业水平和指导能力。再次，推行高校"双创"校外导师专项人才计划，引入业界优秀人才作为校外导师。最后，计划建设约300门省级创新创业教育特色示范课程，并每年遴选不少于2000项省级大学生创新创业训练计划项目，以丰富学生的学习内容和实践机会。

在推进创新创业平台建设方面，特制定以下六点策略：一是倡导多方共建创新创业实践教学基地。二是加快海峡两岸青年大学生融合发展和创新创业创造中心的建设，以促进两岸青年大学生的交流与合作。三是鼓励建设产教融合型企业试点等，推动产学研深度融合。四是校内创新创业实践平台面向在校大学生免费开放。五是由政府投资开发的创业孵化器、众创空间等创业载体应免费提供不少于30％的场地给创新创业大学生使用，以降低他们的创业成本。六是在"十四五"期间，重点建设约20个省级创新创业学院，依托高校和企业建设约50个省级创新创业教育实践基地，以推动创新创业教育的普及和提升。

在创新创业大赛和创新创业成果转化方面亦提出细致的措施。创新创业大赛方面，要求继续办好已有的相关赛事，鼓励大学生积极参赛，鼓励企业和社会资本设立大赛项目专项发展基金，给予获奖团队奖励和创业支持。促进成果转化方面，提出要健全大学生创新创业成果对接机制，为大学生创新创业成果转化提供全链条服务，对大学生创业企业购买重大科技成果落地转化项目予以补助；支持各地积极举办大学生创新创业项目需求与投融资对接会。

在提升大学生创新创业服务水平方面，提出措施多达七条，包括提供高效便捷的企业开办登记服务、提供科技创新资源、降低专利技术获取成本、支持行业企业面向大学生发布企业需求清单、鼓励国有大中型企业面向大学生发布技术创新需求、鼓励企业建设专门的创业创新培育中心、鼓励有条件的地方给予孵化器创业租金补贴等。

在财税扶持方面，提出做好纳税服务，建立对接机制。提供减免部分税收，以及对国家级、省级创新创业载体免征增值税的福利；探索政府股权基金投向创业企业的容错机制，支持私募创业投资基金投向大学生创新创业项目。

在普惠金融方面，鼓励金融机构对大学生创业项目提供金融服务，给予创业贷款支持，简化优化大学生创业贷款流程，对符合条件的大学生创业者免除反担保要求，落实创业担保贷款政策及贴息政策。

在引导社会资本支持大学生创新创业方面，一是引导创新创业平台投资基金和社会资本参与项目早期投资与投智；二是支持天使投资、创业投资发展。

在大学生创新创业政策保障方面，规定：在符合条件的情况下，对高校毕业生给予一次性创业补贴，对创业未成功大学生提供就业服务、就业援助和社会救助；鼓励有条件的地区建立大学生创业风险救助机制；毕业后创业的大学生可参加社会保险，可申请参加职工医保或居民医保，以确保其基本医疗保障。

在宣传引导方面，提出要切实做好创业政策和信息的发布、解读和推送工作，实施普通高校毕业生就业创业促进行动，并及时总结推广大学生典型经验成果，激发更多大学生的创业热情和创造力，为他们提供有益的借鉴和启示。

除《若干措施》外，福建省各地根据自身区域优势和特色，出台了诸多大学生创新创业保障政策和措施来鼓励和支持大学生创业。这些措施主要涵盖下列几个方面：首先，针对大学生创业的资金问题，提出了多种融资方式。例如,政府设立了创业扶持基金,为大学生创业提供了一定的资金支持;政府还鼓励银行和其他金融机构为大学生创业提供贷款,降低了创业门槛,让更多人有机会参与到创新创业中来。

其次,为提升大学生创业的能力和水平,还加强了对创新创业教育的投入。各级政府通过高校、社会培训机构等渠道,为大学生提供了一系列创业培训课程。这些课程不仅涵盖市场分析、商业计划书撰写等基础知识,还包括实际案例分析、实践操作等内容,帮助大学生更好地了解创业的全过程,提高创业的成功率。

最后,针对大学生创业,给予税收优惠。这些政策可以减轻大学生创业的经济压力,让他们有更多的资金和精力投入创新和产品研发中,为大学生创业营造了更加宽松的市场环境,激发他们的创业热情和创新精神。

越来越多创新创业保障政策措施为大学生创新创业提供了全方位的支持和帮助。这些政策的出台不仅激发了大学生的创业激情与热情,也为推动国家创新创业发展注入了新的活力和动力。在政策的支持和引导下,福建省内越来越多的大学生勇敢地走上创新创业之路,为实现自己的梦想和推动社会进步贡献力量。

第四节 福建大学生创新创业价值观培育的策略

在新质生产力背景下探究大学生创新创业价值观培育的策略,不可忽视的是大学生创新创业教育发展的历程,这一历程映射了教育理念的演进和社会对创新创业人才培养要求的变化。从早期的职业指导课程到全面的创新创业教育体系，大学生创新创业教育经历了由简至繁、由表及深的转变。

最初阶段，大多数高等教育机构将创新创业教育视为一种职业教育的延伸，侧重于具体技能的传授和商业计划书的撰写。这一时期的课程内容较为单一，缺乏与实际创业过程的紧密结合，学生的创业激情和实际操作能力未能得到有效激发和培养。

随着经济的发展和创业环境的日益成熟，人们开始认识到创新创业教育不仅仅是职业技能的训练，更重要的是创新能力和创业精神的培养。高校逐步引入了一系列创新思维训练、市场分析、风险评估等模块，致力于打造理论与实践相结合的综合性创业课程。这一变化使得创新创业教育的内容更加丰富，形式更加多样，更能满足学生对于创业知识全方位学习的需求。

进入21世纪后，互联网技术的迅猛发展和新经济模式的出现，对大学生创新创业能力提出了更高的要求。高校创新创业教育开始强调跨学科知识的整合、团队协作能力的提升和社会责任感的培养。同时，学校与企业的合作日益紧密，通过实习实训基地的建设、创业孵化器的运营等方式，为学生提供了更多接触真实商业环境的机会。

然而，尽管大学生创新创业教育取得了显著的成效，但仍存在一些不容忽视的问题。例如，部分高校的创新创业教育依然存在着理论与实践脱节的现象，创业课程与市场需求之间存在一定的偏差；师资力量不足，缺乏具有实战经验的创业教师；创业资源分配不均，一些地区和院校的创业支持体系不够完善；等等。

综上所述，大学生创新创业教育的发展历程反映了教育观念和社会需求的变化，同时也暴露出当前创新创业教育体系中存在的问题。在新质生产力背景下，大学生创新创业教育需要不断地自我革新和完善，以培养出能够适应时代要求的高素质创新创业人才。

在大学生创新创业价值观培育中，培育策略的制定至关重要。本节从福建大学生创新创业价值观培育出发，探讨福建省高校探索将地域文化资源转化为培育资源的策略和方法。在这一过程中，福建大学生创新创业价值观培育课程建设应深入挖掘福建地域文化的内涵与价值，用福建地域文化引领大学生创新创业价值取向，为大学生项目创业、事业创业、人生创业提供精神支撑。将福建地域文化与创新创业价值观培育相结合，明确创新创业教育的内在规定性，筑牢其实践根基与文化根基，赋予新时代创新创业教育深刻的民族禀赋与文化特色。就实践根基而言，受功利主义思想和社会环境的影响，当前部分大学生仍然存在功利的创新创业价值观。要实现从利己价值到服务人民、服务社会的价值取向转向，就要让大学生在创新创业实践中接受福建传统文化教育，从传统文化中汲取自身精神和道德成长的丰富营养，达到潜移默化、润物无声的效果。就文化根基而言，福建传统文化与创新创业价值观培育的结合关注到了大学生创业实践深层次的文化基因，将创业团队组建、创业项目选择、创业价值创造、学生创业素质培养等根植于福建传统文化沃土，使其具有传统文化的深刻烙印，增强大学生在创新创业实践中守初心、担使命的思想和行动自觉，真正让传统文化浸润人心。

福建地域文化资源融入大学生创新创业价值观培育是一个多维度、交互性强的过程，需要课程内容的整合、学习方法的应用、校企合作机制的建立和师资能力的提升等多方面的努力。福建高校要充分发挥自身学科优势、科研优势、人才优势，在教学内容上要优化增量、盘活存

第四章　大学生创新创业价值观培育的福建探索

量,有的放矢加强课程供给侧结构性改革,动态更新教学内容,建立健全集创新创业价值观感悟、课堂理论讲授、实践教学体验、技能实操实训等内容于一体的创新创业价值观培育的课程体系。① 通过这样的策略实施,发挥福建地域文化对大学生创业实践的价值选择、价值判断、价值塑造功能,让福建大学生在中华优秀传统文化的滋养下成长,培养开拓进取、团结拼搏、乐观向上的创新创业价值观和健全的人格,为将来的职业道路和社会生活打下坚实的基础。

一、思政课程与课程思政相结合

党的十八大以来,国家高度重视高校思想政治工作,并强调要将社会主义核心价值观全面融入高校思想政治理论课的教育教学。2015 年 1 月,中共中央办公厅、国务院办公厅发布《关于进一步加强和改进新形势下高校宣传思想工作的意见》。② 文件深刻阐明了意识形态工作在新形势下的重要性,并指出高校是意识形态工作的前沿阵地,肩负着学习研究宣传马克思主义,培育和弘扬社会主义核心价值观,为实现中华民族伟大复兴的中国梦提供人才保障和智力支持的重要任务。同年 7 月 27 日,中宣部与教育部联合印发了《普通高校思想政治理论课建设体系创新计划》③,着重强调思想政治理论课作为高校教育的核心课

---

① 陈乙华.新时代大学生创业价值观培育研究[D].南京:东南大学,2022:126-127.
② 中共中央办公厅,国务院办公厅.关于进一步加强和改进新形势下高校宣传思想工作的意见[EB/OL].(2015-01-19)[2024-06-21].https://www.gov.cn/xinwen/2015-01/19/content_2806397.htm.
③ 中央宣传部,教育部.普通高校思想政治理论课建设体系创新计划[EB/OL].(2015-07-30)[2024-06-21]. http://www.moe.gov.cn/srcsite/A13/moe_772/201508/t20150811_199379.html.

程，对于加强社会主义核心价值观培育，引导大学生树立正确的思想观念具有不可替代的重要作用。2020年5月28日，教育部颁发《高等学校课程思政建设指导纲要》，指出"全面推进课程思政建设，就是要寓价值观引导于知识传授和能力培养之中，帮助学生塑造正确的世界观、人生观、价值观，这是人才培养的应有之义，更是必备内容"[①]。由此可见，思想政治教育应该贯穿于高等教育的全过程，注重培养学生的品德、素质和能力，让学生成为德才兼备、全面发展的人才。

积极践行社会主义核心价值观，既是履行对国家的责任，也是塑造积极健康社会风气的关键举措。这需要高校不断深化改革，加强顶层设计，优化课程体系，创新教学方法，以确保社会主义核心价值观能够在高校教育中得到全面、深入的贯彻和落实。作为社会主义核心价值观在创新创业领域的具体化呈现，创新创业价值观的培育应面向全体大学生，并纳入高校人才培养的教育教学体系中。不是所有大学生都适合并且有能力进行创新创业活动，但是创新精神和创业意识对于任何学生之后的工作和发展都是至关重要的，是他们未来职业道路上的发展不可或缺的要素之一。福建高校在推广广谱式创新创业教育的同时，要将创新创业价值观塑造巧妙地融入思政课程与课程思政中，全面提升大学生的创新创业素质。

一方面，通过思想政治教育通识课程面向所有学生开展创新创业价值观培育。利用"马克思主义基本原理课"，传授马克思主义理论的基本原理和核心观点，为大学生认同创新创业价值观提供理论基

---

① 教育部.高等学校课程思政建设指导纲要[EB/OL].(2020-05-28)[2024-06-21].https://www.gov.cn/zhengce/zhengceku/2020-06/06/content_5517606.htm.

础。利用"习近平新时代中国特色社会主义思想概论课",以福建地域文化传承创新为例,阐释"两个结合"(把马克思主义基本原理同中国具体实际相结合,同中华优秀传统文化相结合)和"两创"(创造性转化、创新性发展)的理论逻辑和价值意蕴,让学生明白"两创"是新时代中华优秀传统文化传承发展的必由之路,既要对中华优秀传统文化的内容进行创造性转化,赋予其新的时代内涵,又要对中华优秀传统文化的形式进行创新性发展,让中华优秀传统文化更贴近现实生活,①从而更好地承担起文化传承创新的责任,并有意识地将福建地域文化内化为个体的创新创业价值取向。利用"形势政策课",加强党的路线方针政策教育,结合习近平总书记在福建的探索和实践,向广大学生讲明白新发展理念、高质量发展、新质生产力、美丽中国建设等一系列治国理政的新思路,以及经济全球化、新一轮科技革命、产业革命的产生背景,深刻认识到重视和加强创新创业教育的现实需要,在创业实践中平衡好"义与利""群与己""理与欲""远与近"的价值冲突,消除利己主义倾向,形成将个体"小我"融入祖国"大我"的价值认知。

另一方面,在创新创业教育课程和各类专业课程中融入创新创业价值观培育。在"创业基础课"中,运用好福建本土红色文化资源,讲述中国共产党如何从无到有、从有到强,在各种资源约束之下开展革命实践活动,不断开创中国革命新局面的红色故事,让学生明白中国共产党的革命斗争史实际上就是一部筚路蓝缕、开天辟地的创业

---

① 冯继康.习近平文化思想对中华优秀传统文化的传承创新[EB/OL].(2024-04-12)[2024-08-19].http://www.qstheory.cn/2024-04/12/c_1130108095.htm.

史，中国共产党是中国近代以来最伟大的"创业团队"。在"创新基础课"中，以"不创新，就灭亡"为主题，融入海洋文化精神和闽商精神，引发学生对创新背后的关注，明白建设创新型国家的战略意义，明白创新的责任，践行"有创新的创业"，并在创业过程中"弘扬以爱国主义为核心的民族精神和以改革创新为核心的时代精神"，激发爱国情怀，树立敢于尝试、勇于探索的创新精神，培养自己的创新能力和市场竞争意识。在各类专业课中，要向学生讲明白本专业在科学研究、文化传承、促进区域经济社会发展方面所发挥的作用和未来的发展方向，增强学生对专业的认同感，培养学生依托专业开展创新创业的意识，使学生坚定以专业报国、服务社会的理想信念。

在课程思政教学设计中，可以采用"5T"教学模式，即 task（教师先布置任务并提出与主题相关的问题链，坚持任务驱动和问题导向）—thinking（学生利用线上线下教学资源对学习内容进行吸收、内化，通过独立思考，形成学习成果，完成个性化学习）—team（将全班学生分为若干小组，小组合作讨论并梳理解决问题的对策，重构新的知识图式，以解决自学中发现的低层次问题，凝练高层次问题）—talking（各组学生通过课件、演讲、辩论、小品、短视频等方式展示学习效果，小组合作表现将纳入课程总评成绩）—theory teaching（教师对每组表现加以点评和引导，并进行理论讲授的总结和升华，建立新旧知识的联结）。这种基于"问题链教学法"的模式设计能够将教师理论知识讲解、学生思辨、师生互动、生生互动交流相结合，实现"教、学、思、辨、行"一体化。实施过程中采用案例法、讨论法等，力求知识讲解由浅入深，通过层层推进的教学方式，突破课堂教学的重难点；根据知识点充分挖掘案例的思政元素，引发学生深入思考，并结合知识点进行课堂实践，达到思政育人的目的。此教学法注重课堂活动的设计，使学生在做中学、学中做，学以致用，能够训练学生的创新思维，引导学生用创新方法解决创业实践中的问题，通过产品、技术、服务创新满足人们对美好生活的需要。

福建省高校通过将思政课程和课程思政有机地结合起来，引导大学生树立正确的世界观、人生观和价值观，培养了他们的创业意识和创新精神。

二、科学教育与人文教育并重

科学教育与人文教育并重是指在创新创业价值观培育中，既要加强对学生科学文化知识的教育，也要通过文化滋养培育学生的创业人格和创业精神。

一方面，大学生创业实践活动的开展需要学生具有综合全面的知识和技能。在构建创新创业价值观培育的课程体系时，福建高校要重视科学知识的传授。针对低年级学生的创新创业教育课程安排，以大学生创业理论的基础课程为主，内容全面而丰富，确保涵盖所有必要的创业知识和技能，以满足学生在创业过程中对各种科学知识的需求。针对高年级学生，高校则将教学重心放在更加核心和深入的创业提高课程之上，例如通过具体项目实践而进行创业教学。这样的课程设计，不仅能够拓宽学生的知识视野，更能全面提升他们的科学素养，为未来的创业之路奠定坚实的基础。在专创融合教育中，结合新质生产力发展对人才培养的新要求和福建省产业发展新布局，将行业发展最新动态引入课堂教学，通过搜集创业案例及案例分析开展本专业热点探讨，让学生在专业学习的基础上有意识开展产品创新、服务创新，加强对学生科技创新能力和实践动手能力的培养。

此外，在对大学生进行科学教育时，不可忽视的是新质生产力本身所蕴含的经济发展新动向、新改革以及由此催生的理论进步。新质生产力不仅仅是技术或资本的简单叠加，更是在数字经济时代下，经济、社会和生态效益统一的新型体现。此种新型生产力的形成与发展，对人力资源的质量和结构提出了新的挑战，尤其是在技术技能人才的能力培养上。从本质上看，新质生产力的发展要求劳动者不仅要具备专业的知识和技能，还要具备快速学习和适应新环境的能力、统筹规划与资源整合的能力、创新思维与问题解决的能力以及人机协同等综合素质。高校应充分考虑新质生产力的特点，课程内容的更新紧跟新质生产力发展的最新趋势，如人工智能、区块链、云计算等前沿技术的应用，如数据驱动、智能化、网络化等，将这些元素融入课程设计之中，通过案例分析、项目驱动和问题解决等教学方法，引导学生深入理解这些技术如何重塑行业格局和商业生态，使学生能够在掌握传统创业知识的同时，理解和运用新技术，提高数字素养，从而更好地适应智慧农业、数字乡村建设等新质生产力赋能下的发展需求。

另一方面，福建高校在大学生创新创业价值观培育的课程设置中要注重对大学生人文素质的培养。深厚的文化底蕴能够涵养家国情怀，激发创新意识，培养高尚品德和独立思考的能力，高校需结合创新创业价值观培育的内容，在教学各个环节融入人文素养教育，让教育更贴近实际和生活，以充分发挥创新创业价值观培育课程的文化育人功能，有效培育大学生正确的世界观、人生观、价值观。可以构建跨学科的课程体系，将地域文化资源整合入现有课程中，从历史维度向学生讲清楚福建地域文化形成的历史背景，从本质维度向学生讲透福建地域文化的

第四章　大学生创新创业价值观培育的福建探索

核心要义，让学生从历史长河中领会福建地域文化的精神本质。例如，融入福建历史上海洋文化的知识，让学生了解福建沿海地区历史上的生活和海洋贸易，领悟开放包容、开拓创新、刚毅冒险的海洋文化精神；加强学生生态文明教育，以"两山理论"的福建实践为基础，积极传播绿色文化，引导大学生将绿色发展理念贯穿于创新创业之中，学会绿色生产、绿色管理、绿色营销，彰显创业者的生态责任担当；将传统传播渠道和新兴媒介结合，通过观看主旋律电影、瞻仰革命遗址、参观红色展览等形式丰富的地方红色文化的宣传方式，利用微博、微信、短视频等现代传播手段创新红色文化的视觉转化，引发大学生对红色文化的情感共鸣和价值反思，进而转化为不易改变且深远持久的内心生发，增强大学生对红色文化的理解和认同。这些方式，不仅丰富了教育形式，同时增强了学生对福建地域文化的兴趣和认同感。福建省大学生创新创业价值观培育还可以实施以项目为基础的学习方法（PBL 教学法），鼓励学生参与到具有地方特色的研究项目中。例如，调研福建海洋文化的意义与价值，对《闽都别记》中的海洋文化元素进行文学分析；或者组织海洋文化研学旅行，通过实地考察和体验活动，加深学生对海洋知识和环境保护的认识。这种互动性和探究性的学习方式，能够让学生在实践中深化对福建地域文化资源的理解和应用。

此外，福建高校要将特色地域文化融入校园文化建设中，营造有利于文化传承创新的人文环境。例如，邀请福建海洋文化专家入校开展专题讲座，溯源福建海洋文化的形成和发展历史，阐明海洋强国的文化历史基因，讲述福建海洋文化与闽商创业的相关知识，传播开放包容、开拓创新的海洋文化精神，培养师生海洋文化意识；举办"海洋文化节"，开展校园海洋文化知识竞赛、海洋文化演讲比赛、校园海洋元素设计、校园海洋宣传标语创设、海洋文化书目阅读等系列活动，激发大学生对海洋文化的兴趣；将海洋神话传说、奇人奇事通过话剧表演、音乐舞蹈表现出来，将具有地方特色的海洋文化精神通过诗歌朗诵表现出来，创新海洋文化传播形式，提升海洋文化育人成效；利用世界环境日、世界地球日、全国低碳日、全国节能宣传周等节点，举办"绿色校园文化周"活动，帮助大学生树立节约资源和保护环境的理念，实践绿色生产生活方式；持续增加校园绿化覆盖面积，打造一个与其历史文化背景和建筑特色相协调的园林景观；加强绿色创业政策的解读，邀请环保专家、绿色企业家、返乡创业校友与在校学生近距离交流，解读相关政策和法律法规，分享绿色企业创办经验，让学生体会绿色产品的价值。

总之，福建省高校在大学生创新创业价值观培育中要注重科学教育与人文教育的平衡发展，通过学校的教育和社会环境的熏陶，帮助大学生掌握创新创业所需的科学知识，同时建立起坚实的人文素养基础，以全面提升学生的创业综合素质。

三、施教理论与实践双向构建

在探讨新质生产力背景下的大学生创新创业价值观培育的策略时，不可忽视的是当前大学生创新创业教育体系中存在的一系列问题。一方面，教育资源分配不均。多数高等教育机构在创新创业教育方面的投入还不足，缺乏有效的课程体系和实践平台。这种资源的匮乏导致学生无法获得高质量的创业知识和实战经验，从而阻碍了对他们创业能力的培养。另一方面，当前的创新创业教育方法过于传统。大学生在创新创业过程中缺乏的往往不是专业理论知识的指导而是实战经验。

第四章 大学生创新创业价值观培育的福建探索

因此,学校的创新创业教育更应该注重培养学生的动手能力。但是,实践环节的设计及开展难度要远远高于理论课程,问题可能在于缺少成功的教学方法和手段,此外,师资不足,资金、设施、教学环境的限制使得创新创业教育实践体系还十分不完善,达不到预期效果。① 这种滞后的教育方式难以激发学生的创业激情,更遑论培养出能够在数字经济时代立足的创业者。

高校要整合各种资源为思政教育和创新创业价值观培育的实践教学提供平台,让学生把创新创业与思政教育的理论知识和实践相结合。② 在创新创业价值观培育的课程体系中,福建省高校要积极响应新时代创新创业价值观培育的实际需求,实施理论知识与能力实践双向构建的课程设置策略。这一课程体系不仅包含系统的创业知识课程,更重视课程的人本化导向,旨在使学生能够全面理解和掌握创新创业相关理论与技能。课程的最终目标在于培养大学生独立思考、紧跟时代步伐的创新能力,以及开拓进取的精神和健全的个性品质。此类课程内容涵盖了职业生涯规划、人力资源管理、公共关系等多个领域的基础知识课程,为大学生的创业之路奠定了坚实的理论基础。同时,在传授创业基础知识的过程中,注重将闽商精神、海洋国防精神等元素有效融入,帮助大学生树立正确的创新创业价值观。

实践出真知。创新创业能力是在不断学习和实践中逐渐积累形成的综合性能力。尽管创业知识课堂能够为学生提供必要的创新创业理论知识,大学生还需要在不断的学习和实践过程中,逐步提升和完善自

---

① 翁莉迎.大学生创新创业教育成效研究[D].广州:华南理工大学,2022:57.
② 李娟.全媒体环境下高校思政教育改革创新研究[M].北京:北京工业大学出版社,2020:29.

身的创新创业能力，才能更好地适应创业市场的需求，实现创业目标。实践教学是培养创新创业能力不可或缺的一环，即通过实践来发挥学生的主观能动性，检验理论的有效性。实践活动不仅有助于提升他们应对挑战、克服障碍、解决问题的能力，更有利于锻炼他们面对压力和困难时的心理素质，并锻炼他们在短时间内把握机会、作出决策的能力。

福建高校应当在大学生创新创业价值观培育的课程教学中，鼓励学生在校内外进行真实项目的尝试与实践，通过"做中学"和"学中创"的方式，有效提升其面对未来市场的竞争力和适应性。通过实践，大学生习得有效知识，并且将点对点的知识串联起来。例如，农业产业链整合的核心在于打破传统的农业生产和销售模式，在具体的实践过程中，大学生将更清晰了解如何通过跨界合作，实现资源共享、优势互补，形成覆盖农产品生产、加工、销售、服务等多环节的完整产业链条。对于创业的大学生来说，这意味着他们可以依托当地特色资源，通过整合上下游产业链，创造出具有更高附加值的产品或服务。

在新质生产力的推动下，对大学生创新创业能力的提升不应仅仅局限于知识传授和技能训练，更应当注重培养学生的创新意识、风险评估与管理能力以及在复杂多变环境中把握机遇的能力。这意味着，高校创新创业价值观培育需要构建一个更为开放和实践导向的教育模式，将理论知识与市场需求紧密结合。高校拥有丰富的理论知识和研究成果，而企业则掌握着市场动态和技术应用。通过校企深度合作，可以将企业的实时需求和前沿技术引入课堂，使学生在学习过程中就能接触到最新的行业信息和技术动态。同时，企业拥有丰富的发展经验，他们中的优秀人才参与课程设置、教材编写甚至亲自授课，将实践经验直接融入教学内容中，提升教育的实用性和针对性。特别是校企合作的

第四章 大学生创新创业价值观培育的福建探索

深化与资源共享,这一环节在培养具备创新精神和实战能力的创业者方面扮演着至关重要的角色。例如,可以因地制宜建立校企合作平台,为学生提供真实的创业环境,让其在实际操作中学习和锻炼。这包括实习实训机会、创业孵化项目以及与企业界导师的面对面交流等。同时,平台还需要提供知识产权保护、法律咨询和财务规划等支持服务,帮助学生规避创业过程中可能遇到的风险。学生通过实际参与企业运营、项目管理等活动,能够直接感受到新质生产力发展的脉动,了解市场需求,将理论知识转化为实践能力,同时培养解决复杂问题的综合素质。

校企合作还可以尝试拓展至人才培养的全链条。企业可以从招生阶段就开始参与,共同设计人才培养方案,确保教育内容与企业需求对接。在此基础上,企业还可提供奖学金、实习岗位、创业指导等一系列支持,帮助学生在学习期间就开始积累工作经验和创业资本。校企合作的深化与资源共享是培养大学生创业能力的重要策略之一。通过这种模式,可以有效地将教育资源和企业资源进行整合,为学生提供一个理论与实践相结合、创新与应用并重的学习环境,最终培养出能够适应新质生产力发展要求的高素质创新创业人才。

在新质生产力背景下,对大学生创业能力的培养不仅仅是教育内容的改革,更是教学方法的革新与实践导向的深度融合。为了适应数字经济时代对创新创业人才的新要求,福建高校要重视基于问题解决的学习方式,在大学生创新创业价值观培育中将理论与实际案例相结合,让学生在解决实际商业问题的过程中学习和应用创业知识。通过模拟企业经营游戏、创业计划竞赛等形式,激发学生的创业激情,培养其批判性思维和决策能力。这种以学生为中心的教学法不仅能够提高学生对课程的满意度，而且能够更好地培养学生的创业能力。在这过程中，福建高校要积极利用现代信息技术手段，如在线课程、虚拟现实（VR）和增强现实（AR）技术，为学生提供沉浸式学习体验。这些技术的应用可以极大地丰富教学内容，提高教学效果，使学生能够在模拟的商业环境中进行试验和探索。

为了进一步提升创新创业课程的实效性，福建高校在大学生创新创业价值观培育的课程中要引入创业导师制度，邀请有丰富创业经验的企业家和专家进入课堂，分享他们的经验教训，为学生提供一对一的指导。这种互动式学习不仅能够提供真实的行业洞察，还能帮助学生建立起职业网络，为未来的创业之路积累行业资源。此外，福建高校在大学生创新创业价值观培育中要鼓励跨学科学习和团队协作，将该课程作为集体大班课进行，将不同专业的学生集中在同一个课题中，让学生在多学科交叉的环境中培养创业能力。通过组建多元化背景的团队，学生可以学习如何在团队中沟通、协作，充分发挥各自的优势，共同完成创业项目。这种跨界合作的模式有助于学生开阔视野，为将来在不断变化的市场环境中创业打下坚实的基础。

项目驱动创新班的教育教学组织形式正是对施教理论与实践双向构建、专业教育与创新创业教育融合的有益探索。项目驱动创新班通常因应各类横纵向项目而设立，项目源自业界的真实需求或来自企业生产技术改造诉求。项目驱动创新班将项目任务分解与实施过程外化为教学内容，以校企混编的教学团队为师资，跨专业（专业群）双向选择学生组建班级，有效集成大学和业界资源，开展教育教学。创新班有效打通了科学研究（服务地方）与人才培养、第一课堂与第二课堂、隐性教学内容与显性教学管理等多对关系，灵活生动又具有应用张力，明显有别于传统的教学组织形式。① 在项目驱动创新班，跨学科专业学生团队全程参与产品设计研发和调试，在跨学科的深度探讨和长期的动手操作中提升了解决复杂工程问题的能力。 同时，混合教学团队经常开展教学和科研交流，打破学科之间的壁垒，探索学科间的互补和联系，并将多学科知识有机融入课程教学中，提升人才培养能力。 因此，在新质生产力背景下，项目驱动创新班的教学形式能够有效促进教育链、人才链与产业链、创新链有机衔接，使创新创业教育更好地适应产业发展的需求，以破解校企育人要素协同不畅、产教融合引擎乏力等难题。

综上所述，福建高校在大学生创新创业价值观培育中，不仅提供理论与实践相结合的方法，还要通过各类创业活动和服务激发学生的创新创业热情，并与外部资源对接，打造内合外联的创新创业教育生态系统。 通过这些策略的实施，为学生提供一个充满挑战和机遇的学习环境，让大学生能够在探索和实践中积累宝贵的经验，培养他们成为能够适应和引领未来市场变化的创新型人才。

四、结合乡村振兴助创业热情

在创新创业价值观培育中，对农村地区特殊需求的忽视是一个容易发生的问题，培育模式往往未能充分考虑农村地区的特殊性，导致培育内容与农村实际需求脱节。 探究福建省大学生在乡村振兴大背景下的创业实施路径，不仅对于提升该群体的创业成功率、促进乡村经济和文化的发展具有重要意义，也对于实现人才资源的优化配置、缓解城乡二

---

① 张君诚,兰明尚,赖祥亮,等.项目驱动创新班:应用型大学教学组织形式创新：兼论"五位一体"应用型人才培养模式[J].高等工程教育研究,2022(3):75.

元结构矛盾、推动区域均衡发展具有深远影响。

在探讨福建省大学生创新创业价值观培育在乡村振兴战略背景下的实施路径之前，有必要对乡村振兴战略本身进行深入的理解与概述。

实施乡村振兴战略，是党的十九大作出的重大决策部署，是具有中国特色的"三农"发展战略。这一战略作为国家层面推动农业农村现代化的重要举措，旨在通过一系列政策措施和制度安排，促进农业增效、农民增收和农村繁荣稳定，进而实现城乡发展均衡。2020年全面建成小康社会、实现第一个百年奋斗目标之后，我国开启了建设社会主义现代化强国的新征程。到2035年，基本实现农业农村现代化，农村经济社会发展与全国经济社会发展同步，农业农村成为国家现代化建设的重要支撑。

党的二十大报告指出，"全面建设社会主义现代化国家，最艰巨最繁重的任务仍然在农村"①。民族要复兴，乡村必振兴。乡村振兴不仅涉及经济建设，更包括社会文化、生态环境、民主法治和组织体系等多个方面的全面进步。该战略强调了"五位一体"的总体布局，即产业发展、生态宜居、乡风文明、治理有效和生活富裕五个方面同步推进。其中，产业发展是基础，生态宜居是条件，乡风文明是动力，治理有效是保障，而生活富裕则是目标。随着新时代的到来，乡村振兴战略也迎来了新的内涵和要求。它不再仅仅关注传统的农业生产，而是更多地着眼于创新驱动和多元化发展，注重提升农业科技含量，推动产业融合，培育新型经营主体，并在此基础上构建现代农业产业体系、

---

① 习近平.高举中国特色社会主义伟大旗帜 为全面建设社会主义现代化国家而团结奋斗：在中国共产党第二十次全国代表大会上的报告[M].北京：人民出版社，2022：30-31.

第四章　大学生创新创业价值观培育的福建探索

生产体系和经营体系。

乡村振兴的核心在于人才的振兴。只有构建稳定且高素质的人才队伍，才能为乡村振兴提供源源不断的动力。实现乡村振兴离不开人力资本开发，实施乡村振兴战略必须破解人才制约，构建强有力的人才支撑。同时，从现实情况出发，乡村振兴战略人才支撑体系建设面临诸多挑战，强化了乡村振兴战略对人才支撑的诉求。而乡村振兴战略人才支撑体系建设迎来新机遇，也为乡村振兴战略提出构建人才支撑的诉求提供了现实可能性。[①]

大学生返乡创业对于促进乡村经济和社会的全面振兴具有不可替代的作用。这一群体不仅携带着先进的知识、技术和理念，更有着创新精神和创业热情，能够成为推动农业农村现代化的重要力量。大学生创业活动能有效带动本地产业升级，特别是在农业科技、乡村旅游、绿色食品等领域，他们运用所学专业知识和现代管理技能，有助于提升产品附加值，开拓市场，增加乡村的经济收入。例如，通过电商平台销售农产品，既解决了传统销售渠道的限制，又增加了农民的收益。学生创业项目往往注重可持续发展和社会责任，他们的参与不仅为乡村带来了新的发展机遇，还促进了当地社会结构的优化和文化的传播；他们在追求经济效益的同时，也注重社会效益和环境保护，有助于实现乡村经济与生态环境的和谐共生。

革命老区多位于广大农村地区，经济发展较为落后，但红色旅游资源、绿色产业资源丰富。福建高校要以"青年红色筑梦之旅"活动为平台，将地方红色文化、绿色文化融入大学生创新创业价值观培育，用

---

① 胡鑫.乡村振兴战略人才支撑体系建设研究[D].长春:吉林大学,2021:43.

福建传统文化责任担当，教育引领学生基层就业创业。青年一代有理想有担当，国家才有希望。学习福建传统文化，笃用笃行，广大青年学生要将爱国之情转化为报国之志，到祖国和人民最需要的地方建功立业。大学生要主动响应农村社会的发展需求，坚定创业信念，艰苦奋斗，勇于创新，协调好眼前与长远、个人与集体的关系，更加自觉地参与到社会主义新农村的伟大实践。要下得去、沉得住，在艰苦创业环境中不断磨炼自身意志品质，发挥自身优势，带领村民在实现共同富裕的新长征路上行稳致远，不辜负人民，不辜负时代。

然而，大学生返乡创业并非易事，他们面临的挑战包括资金筹集、政策支持不足、社会舆论压力和乡村基础设施的不完善等。这些问题的存在，不仅影响了大学生创业的成功率，也制约了乡村发展的进程。如何构建一个支持性的环境，降低创业门槛，提供必要的辅导和资源，成为推动大学生返乡创业的关键。

对于福建省而言，乡村振兴战略的实施具有其独特的区域特色和实践路径。作为沿海经济强省，福建省拥有得天独厚的区位优势，依山傍海，旅游资源丰富，农业品种多样，为大学生提供了丰富的创业资源和独特的创业环境。大学生可以依托本地特色绿色资源和两岸乡村融合发展的地缘优势，开发独具特色的绿色产品和服务，打造地方绿色品牌，促进乡村经济的多元化发展。

福建省政府高度重视乡村人才的培养和引进，对于大学生返乡创业给予了大力支持，出台了一系列扶持政策和优惠措施，包括资金支持、税收减免、创业培训等，大大降低了创业门槛和风险。此外还通过搭建平台、畅通渠道等手段，鼓励和引导他们返乡创业，使之成为乡村振兴的生力军。同时，随着乡村振兴战略的深入实施，农村基础设施不断完善，交通、通信、物流等方面的短板逐渐补齐，为大学生返乡创业提供了便利条件。

福建高校结合福建地域文化和乡村实际，积极探索大学生"三下乡"社会实践的新路径，不仅有助于学生成长成才，也对高校的教育改革和人才培养模式提出了新的要求。福建省的教育资源丰富，众多高校均开设有大学生创新创业价值观培育课程，孕育了一大批具有创新意识和实践能力的大学生。这些年轻力量，带着对家乡的深厚感情和新鲜的创业理念，迅速吸纳新技术、新知识，将现代科技与农业发展相结合，推动乡村传统产业转型升级。

五、提升专业化师资队伍建设水平

强国必先强教，强教必先强师。在大学生创新创业价值观培育中，教师扮演着至关重要的角色，对于推动创新型人才的培育具有不可或缺的作用。打造具备国际视野、创新思维及实战经验的专业化、高素质师资队伍成为高校教育所面临的首要任务。优秀的创新创业教育师资不仅需要具备丰富理论知识和先进教学方法，还应该拥有实践经验，具备引导学生深入理解创业过程、主动掌握创业知识与技能、激发学生创新思维的能力。育人当先育己，创业导师首先应提升自身对于创新创业价值观培养的认可度，在高度认同的基础上进行自我感召和自我教育，增强学习的主动性。一是要主动学习创新创业知识，对于创业过程所涉及的金融知识、法律知识、项目运作知识进行系统学习，积极利用网络平台获取创业资源和创业指导，强化对于创新创业的认知。二是要主动学习国家的创新创业政策及理论，及时了解国家需求的创业人才类型。①

　　创新创业价值观培育重点在教师,关键在教师。为加强创新创业价值观培育的师资队伍的专业化建设,福建省可以采取以下几个措施。第一,改善创业教师的育人观。创业教师要以创业知识、创业技能为载体培养学生的创新精神、创造意识和创业能力,同时发挥社会主义核心价值观和福建地域文化的价值引领功能,帮助学生形成敢闯会创、坚持不懈、诚实守信的创业品质,实现价值塑造、知识传授与能力培养相统一。第二,提升创业教师的专业能力。着力实施创业师资提升计划,整合各种社会资源,建立创业师资培训基地,开通线上、线下一体化创业师资培训课程,引进优质创业导师和企业精英进行系统、专业的创新创业价值观培育的师资培训,构建集合理论提升、实践训练、专题研修的多元培训模式,打造一批教学能力出众、实践经验丰富的骨干教师,着力提升创业师资专业能力。第三,培养创业教师终身学习能力。鼓励教师根据自身有关创新创业价值观的本体性知识缺漏进行补偿性的学习,加强交叉学科的理论素养,构建创新创业价值观培育的知识体系;学习创新创业教育发展的最新研究成果,不断更新课程观和教学观,摆正自己作为教学组织者、引导者、参与者的角色,从传统"教师本位"的教学理念转向"学生本位"的教学理念;积极探索创新创业价值观培育的内涵建设的有效途径,掌握福建地域文化的内涵和外延,提升利用福建地域文化资源开展大学生创新创业价值观培育的能力。第四,提高创业教师的数字教学素养。在新质生产力背景下,创业教

---

　　① 杨宇鹏.大学生创业价值观形成与高校创业教育路径研究[D].杭州:浙江大学,2022:49.

师要树立数字化教学意识,积极开展数字化教学实践和研究,探索教育教学新思路,摸索教育教学新模式,学会利用现代信息技术创新教学手段和教学方法,探索建构教师数字化教学能力的个性化发展方式,提升教育教学技能。 第五,提升创业教师的师德修养。 具有高尚道德人格的高校教师,对于培养大学生正确的价值观具有重要意义。 创业教师要大力弘扬教育家精神,不断提高自己的思想道德素质,规范自己的一言一行。 只有以正确的道德品质约束自身言行,才能为大学生树立良好的榜样,在潜移默化中加强大学生对创新创业价值观的认同。

第五章　大学生创新创业价值观培育的基本经验[①]

本章以笔者所在的入选首批国家级创新创业学院建设单位的三明学院为例，从培育模式构建和培育成果借鉴两方面阐述大学生创新创业价值观培育的基本经验。

三明学院是由福建省人民政府举办的一所全日制普通本科高校，实行"省市共建，以省为主"的管理体制。这种管理模式不仅使学校能够获得更多的资源和支持，也促进了地方与省级政府之间的紧密合作，推动学校高质量发展。三明学院入选了福建省一流应用型建设高校（B类），并被评为福建省示范性应用型本科高校。2024年9月，学校被确定为新增硕士学位授予单位。这些荣誉和资质充分体现了学校在应用型教育和研究领域的卓越表现和重要地位。

---

① 本章基本经验主要来源于：[学习强国]福建探索 | 三明学院创新创业创造教育发展纪实[EB/OL].（2021-01-12）[2024-04-18]. https://www.fjsmu.edu.cn/2021/0112/c20a105433/page.htm；三明学院：创新协同　开放绿色　投身创业新时代[EB/OL].（2018-01-02）[2024-06-27]. http://news.cyol.com/yuanchuang/2018-01/02/content_16830548.htm；三明学院：以"双创"教育培育"致用"新人才[EB/OL].（2018-12-20）[2024-04-18]. http://zqb.cyol.com/html/2018-12/20/nw.D110000zgqnb_20181220_6-01.htm；杨水清："鸟富"带"村富"，返乡创业大学生的春晖情怀[EB/OL].（2019-11-30）[2024-06-27]. http://www.fjsmu.edu.cn/2019/1130/c1a89311/page.psp.

第五章　大学生创新创业价值观培育的基本经验

学校占地面积达1429亩,拥有现代化的教学设施和丰富的教育资源。教学科研仪器设备总值约3.33亿元,这些设备为师生的教学和科研活动提供了坚实的保障。学校图书馆馆藏丰富,拥有188.34万册纸质图书和137.36万册电子图书,为学生和教师的学习和研究提供了广泛的资源支持。学校设有14个二级学院,开设了54个本科专业,涵盖了文、理、工、管、艺等多个学科门类,学科布局合理,专业设置科学,能够满足不同学生的学习需求和兴趣。

三明学院坚持开放办学的理念,积极推进高质量的国际和港澳台合作。学校以学生互换、学术交流和科研合作为重点,积极响应国家"一带一路"倡议。截至2024年12月,三明学院与40家国外高校和研究机构建立了合作关系。这些合作不仅拓宽了学生和教师的国际视野,也为学校带来了先进的教育理念和科研方法。学校还举办了2个国际通识教育课程项目,进一步提升了教育的国际化水平。值得一提的是,2021年9月7日,三明学院被教育部认定为第二批人工智能助推教师队伍建设试点单位。这一认定不仅标志着学院在同类高校中于人工智能教育领域的优势,也是为学院紧扣时代脉搏的有力佐证。

三明学院地处福建省三明市,这里是中央苏区、革命老区,同时也是福建省内的山区。2024年,三明市的森林覆盖率达到了77.12%,这一数值连续4年位居"中国绿都"综合评价榜首。正是在这样一个具有深厚历史底蕴和革命传统的地方,三明学院秉承着"百年致用、闽师之源"的优良传承,致力于培养能够服务社会、推动地方经济发展的应用型人才。学院以三创教育(创新、创业、创造)作为教育教学的突破点,坚持"经世致用、自强致胜"的办学理念,力求通过创新创业价值观塑造来实现"创应用强校、育致用大才"的办学目标。三明学院将创新创业价值观培育视为培养高素质应用型人才的重要载体，不仅注重学生理论知识的学习，更强调实践能力的培养，旨在培养出"会应用、有后劲、好就业、能创业"的优秀毕业生。

三明学院在创新创业领域取得了不俗的成绩，不仅在教育部和创业时代网的评选中屡获殊荣，还得到了多家主流媒体的广泛关注和报道。学校入选教育部评选的"2018年度50所全国创新创业典型经验高校"，在2022年又成功入选首批国家级创新创业学院建设单位，这些殊荣充分展示了学校在创新创业价值观培育方面的卓越实力与丰硕成果。这些称号的获得不仅是对学校过去工作的肯定，更是对未来发展的激励和鞭策。

在创业时代网发布的"中国大学创业竞争力排行榜500强·2019"中，三明学院位列第140名，在省内高校排名中位列第六。这一排名不仅反映了学校在创新创业价值观培育方面的强大竞争力，也进一步凸显了学校在全国同类高校中的影响力和地位。学校的"设计＋"众创空间成功获批国家级众创空间，这一成就标志着学校在创新创业平台建设方面取得了新的突破，为学生提供了更加广阔的创新创业实践空间。此外，三明学院还成功入选福建省创新创业创造教育示范院校和产创融合教育实践示范基地培育名单，这再次证明了学校在创新创业教育领域的优势。这些荣誉和成就不仅提升了学校的知名度和美誉度，也为学校吸引更多优秀学生和教师奠定了坚实基础。

值得一提的是，《中国青年报》对学校的三创人才培养典型做法和显著成效进行了整版报道，这充分展示了学校在创新创业人才培养方面的成效。同时,《人民日报》《光明日报》《中国教育报》等多家媒体累计报道了学校的典型经验263篇(次),进一步提升了学校创新创业创造教育的影响力、知名度和美誉度。

第一节 构建大学生创新创业价值观培育模式

一、自上而下改革深化三创教育体系

三创教育,即创新、创业、创造教育,是当代教育体系中不可或缺的一部分,旨在培养学生的创新思维、创业精神和创造能力。在当今这个充满机遇与挑战的时代,创新、创业、创造能力的培养已成为高等教育的重要使命。

在三创教育体系深化改革中,顶层设计扮演着至关重要的角色,关系到教育改革的全局性、系统性和长远性,是实现教育现代化、培养创新型人才的重要保障。科学合理的顶层设计有助于优化教育结构,提升教育质量,以适应快速变化的社会和经济环境。一方面,顶层设计为三创教育提供了清晰的发展方向和目标设定,能够确保教育改革与国家战略、社会需求和时代发展同步。另一方面,通过顶层设计,可以有效地整合教育、科技、人才等各方面资源,为三创教育提供充足的物质基础和智力支持。

为了顺应时代发展的潮流,三明学院将体制机制改革作为三创教育创新发展的突破口,通过优化教育机制、整合教育资源、强化校企合作,推动三创教育的蓬勃发展。为了深化三创教育改革,三明学院不断完善三创教育工作机制,确保各项工作有序开展。

首先,理顺三创教育内部治理体系,学校成立了由校党委书记、校长担任双组长的三创教育工作领导小组,负责统筹协调全校的三创教育工作,为三创教育提供了坚强的组织保障。同时,学校还建立了校院两级的三创教育工作机构,形成了上下联动、协同推进的工作格局。在全省范围内,三明学院是较早建立了双创教育学院的院校之一,为创新创业人才的培养提供了有力支撑。值得一提的是,学校建成了全国首个实体化运营的三创学院,这标志着三明学院在三创教育领域迈出了坚实的一步。

其次,坚持政校企共建原则,有效聚合外部资源,积极探索产教融合的新模式,为三创教育注入了新的活力。三明学院成立了"青创未来产业学院",通过政府、学校、企业三方合作,共同培养创新创业人才。学校与多家企业建立了紧密的合作关系,共同开发课程,共建实验室,共同指导学生实践。这些合作不仅为学生提供了丰富的实践机会,也为学校的三创教育改革注入了新的活力。同时,还打造了"苏区青年三创园",为青年学生提供了创新创业的实践平台。此外,三明学院还协同运营福建省大学生创新创业基地(三明)、三明市电子商务创业培训中心等项目,通过引入北京大学创业训练营、上市公司北京华普亿方等外部资源,形成了三创各类资源的聚集效应,为三创教育的深入发展提供了有力保障。

为了确保三创教育改革能够落到实处,三明学院制定了一系列重磅文件,如《三明学院创新创业教育工作实施意见》等,更通过一系列具体而有力的措施,确保了三创教育改革的深入实施和持续发展。《三明学院创新创业教育工作实施意见》等文件的出台,不仅为三创教育改革提供了明确的指导思想,更为具体的实施步骤和操作流程提供了详尽的规划。这些文件的制定和实施,相当于为三创教育改革绘制了一幅详尽的"施工图",确保了改革的每一项措施都能够精准落地,为学校三创教育的快速发展插上了翅膀。

三明学院在顶层设计上做足了功夫,不断优化三创教育环境,为培养创新创业人才奠定了坚实基础,确保了改革的方向和目标与国家教育方针和社会发展需求相一致。

二、构建"三原色"三创课程体系

三明学院在推进教育改革的进程中,打破传统教育模式的束缚,构建一个更加灵活和开放的教育体系。这一改革不仅涉及教学内容的更新,解放了教育资源,也为学生提供了更加多元化和个性化的学习路径。学校深知,课程在培养学生的创新、创业、创造能力中扮演着基础性和原发性的角色。因此,学校坚定地将课程体系建设作为培养学生三创能力的核心环节,与整个教育过程深度融合。

为了全面提高学生的创新精神、创业意识和创造能力,三明学院采取了一种综合性、全方位的教育模式,精心构建了包含通识课程、专业课程和实践课程的"三原色"三创课程体系。这一体系融合了110门专创融合课程,实现了三类课程的融合一体,使三创元素全面渗透,进而提升了学生的三创素养。学校在第二、第三、第四、第六和第七学期各开设16个学时的创新创业课程,并要求本科生必修8个学分。通过案例分析、模拟创业、创业竞赛等教学方法,激发学生的创业热情。这样的课程设置,保证了学生有足够的时间来学习和实践创新创业知识,也确保了创新创业教育的连续性和深入性。"三原色"三创课程体系不仅注重学生在基础知识方面的扎实学习，还特别强调了实践能力的培养，为学生提供了更广阔的发展空间和更丰富的就业机会。

首先，学校注重三创通识课程和选修课程的自我融合。通识教育作为基础课程，旨在为学生提供广泛的人文知识，使他们在专业学习中能够具备更广阔的视野和更深厚的文化底蕴。这些基础的通识课程学习，使学生掌握多学科的基本知识，同时培养他们的批判性思维和辨析能力，为他们的专业学习奠定理论基础。课程内容涵盖了从创业理念的萌芽、商业计划的制订，到市场调研、产品开发、融资策略等多个方面，通过提供丰富的创业知识和实践案例，帮助学生了解创业的全过程及其面临的各种挑战，旨在激发学生的创业热情，培养他们的创业思维和实际操作能力。通过模拟创业环境和真实案例分析，学生能够掌握必要的创业理论知识，体验创业过程中可能遇到的各种问题和解决方法，从而为未来的创业实践奠定坚实的基础。

为了进一步丰富创新创业价值观培育的形式和内容，三明学院不断探索和创新，特别开设了线上选修课程。这些课程的设计旨在适应数字化时代的教育需求，不仅为学生提供了更多的学习选择，也为他们提供了更加灵活的学习方式，满足了不同学生的个性化需求。通过线上平台，学生可以根据自己的时间安排和学习节奏，随时随地访问课程内容。学校精心定制了"尔雅"线上创新创业教育选修课程，共计38门，这些课程内容丰富，涵盖了创新创业的各个方面，从基础理论到实践操作，从市场分析到创业管理，为学生提供了全面的学习资源和指导。这些线上课程还利用了现代信息技术手段，增强了互动性和趣味性。学生可以通过视频讲解、在线讨论、案例分析等多种形式，深入理解和掌握创新创业的核心理念和实战技巧。

第五章　大学生创新创业价值观培育的基本经验

其次,学校将三创元素融入专业课程中。该模式立足于专业探究式学习,激发学生的创新精神。专业课程不仅传授专业领域的核心知识和技能,还注重培养学生的批判性思维、解决问题的能力和团队合作精神。为了实现这一目标,学校采用了项目驱动、案例分析等多样化的教学方法。这些方法不仅使教学内容更加生动有趣,还能够引导学生主动探索知识,积极参与实践。例如,在项目驱动教学形式中,学生需要组成跨专业团队,针对某一实际问题进行研究和开发,从项目的初期规划到最终的成果展示,整个过程都需要学生亲自参与。这种教学模式不仅提高了学生的动手能力和实践经验,还培养了他们的团队协作精神和领导能力。

再次,学校注重将三创元素与实践课程相结合,突出知识的综合运用,强调理论与实践的结合,重点培养学生的创造能力。学校精心设计了多种形式的实践课程,包括实验、实训、社会实践等,课程内容着重于创业流程的实际操作、成本意识的形成和风险评估能力的提升,旨在让学生将课堂上所学的知识应用于实际情境中,从而提高他们的动手能力和解决问题的能力。学生将有机会参与到真实的创业项目中,通过模拟创业环境,体验从构思到产品推出的整个创业过程。

集中实践则是学校课程体系中的一个重要环节。学校与多家企业和科研机构建立了合作关系,定期组织学生到这些单位进行实训。实训的内容包括案例分析、项目策划等,以便让学生在实际操作中学习如何控制成本、评估风险、制定策略。在实训过程中,学生可以参与到实际的工作中,了解行业的运作流程和技术要求,通过实际操作提升自己的专业技能,积累宝贵的实践经验,从而更好地将理论知识运用到实际操作中。

在循序渐进的创新创业课程教学中，三明学院并不采取传统的"大包大揽"教学方式，而是转变为一个引导者和协助者的角色。学校通过提供必要的资源、信息和指导，鼓励学生主动探索、自主学习，激发他们的创业热情和创新思维。学校的创业教师和导师团队通过个性化的指导和反馈，帮助学生在实践中发现问题、分析问题并解决问题，进而培养他们的自主创新能力和独立解决问题的能力。

优秀的教师是提高课程教学质量、激发学生创新潜能的关键。在师资队伍建设方面，学校积极引进优秀人才和培训资源，提升教师的创新创业价值观培育能力。三明学院对从事"双创"教育工作的教师有着明确的标准和严格的选拔流程，不仅仅强调学术背景和教学经验，更注重教师是否具备创造性思维、产品开发能力以及对市场动态是否具备敏锐的洞察力。这意味着，教师不仅需要拥有广博的知识储备，还必须掌握专业领域的前沿创新理论和技能，以便能够有效组织和引导学生参与各类创新创业活动。

为了强化教师的创新创业价值观培育能力，三明学院采取了一系列积极的措施。学校与台湾地区的15所友好学校建立了紧密的合作关系，邀请了64位台湾教师来校执教。这些台湾教师带来了不同的教学理念和丰富的实践经验，为学校的"三创"教育注入了新的活力。此外，学校还充分利用北京大学创业训练营等校外优质资源，共同申报福建省三创师资培训基地。学校通过师资培训，不仅为教师提供了深入学习和交流的机会，还为他们提供了最新的创新创业教育理论和实践方法。

受训教师不仅在专业知识和技能上得到了显著提升，还在创新思维和创业能力方面取得了长足进步。回到各自的教学岗位后，受训教师将所学知识和技能应用于教学实践中，在实际教学中发挥了重要作用。

例如，他们通过更加丰富的实际案例和项目，指导、帮助学生理解和掌握创新创业的核心理念和方法，同时也通过自己参与过的项目来引导学生进行市场调研、商业计划书撰写、产品设计和开发等实践活动，更好地提升教学质量。

综上所述，学校通过构建科学合理的课程体系、开设线上创新创业教育选修课程、开展创新创业实训等方式，为学生提供了更加全面、深入、灵活的创新创业价值观培育，推动学校的创新创业价值观培育工作不断向前发展。这些举措中，学校引入了多元化的教学理念和方法，不仅有助于培养学生的创新意识和能力，也培养了学生的批判性思维、解决问题的能力和终身学习的能力。

三、建立"五创融合"人才培养模式

三明学院作为一所具有地方特色的高校，坚定地将三创人才培养模式作为产出优质三创人才的突破口，建立"五创融合"人才培养模式，致力于为社会培养具有创新精神和实践能力的高素质人才。

一是思创融合，将思政教育与三创教育有机结合。三明学院在人才培养过程中，始终坚持立德树人的根本任务，立足于三明红色文化、绿色生态，将思政教育元素融入三创教育，实现两者的有机融合。通过课堂教学、实践活动等多种形式，培养学生的社会主义核心价值观和创新创业精神，使他们在创新创业的道路上始终坚守道德底线，为社会创造更多价值。

二是专创融合，打通三创教育与专业教育的隔阂。在新工科、新文科建设的背景下，三明学院立足学科交叉融合，打通三创教育与专业教育之间的学科隔阂。通过优化课程设置、加强实践教学、推进校企合作等措施，实现课堂、实训、实践和就业创业的一体化。同时，结合学校的专业群、产业学院建设，打造服务地方优势项目，选取与三明市地方产业结合紧密的专业作为创新创业教育建设示范点，形成具有地方特色的三创教育模式。

三是科创融合，推动科研成果转化与三创教育的相互促进。三明学院注重科学研究与三创教育的有机融合，多层次推进三创教育项目化建设，多维度促进科研成果转化。通过建设"设计＋"众创空间等创新平台，将工业、农业、教育、医疗、交通、服务等领域的资源与"设计"融合，为师生提供创新创业的实践场所。同时，积极组织学生参与创新创业大赛，对优秀项目进行"催熟"，促进落地孵化，实现科研成果的转化和应用。

四是技创融合，构建开放式三创技能提升集成系统。在创业实践方面，三明学院整合现有科研基地、创新科研平台、教学实验室、大学生创新创业园等资源，以第二课堂为纽带，形成开放式的三创技能提升集成系统。通过开展各类技能培训、实践活动和创新创业竞赛，提高学生的创新创业能力和实践操作能力，为他们的创业之路提供有力支持。

五是产创融合，开展与地方经济社会发展相结合的三创教育模式。三明学院立足区域产业优势，着眼于产业升级需求，将学校培养三创人才的需要与地方经济社会发展需要相结合，吸收优质企业深度参与学校三创教育全过程。通过与地方政府、企业等合作，建立创新创业基地、实践平台等，为学生提供政策资源、创业辅导、创业基金、项目孵化等服务，促进产学研用深度融合，推动创新创业成果转化为现实生产力。

第五章 大学生创新创业价值观培育的基本经验

三明学院在人才培养方案中,精心设计并明确界定了学生需要具备的核心能力,同时制定了详细的指标体系,以确保这些能力能够得到有效培养和评估。这个指标体系涵盖了五个关键方面:实务技能、专业知能、应用创新、协作整合和社会责任,并按照权重进行分配,分别为35%、30%、15%、10%和10%。这种分配方式不仅体现了学校对学生综合能力的重视程度,还为学生指明了明确的学习目标和方向。

在实务技能方面,学校注重培养学生的实际操作能力和动手能力,确保他们能够将理论知识有效应用于实际工作中。在专业知能方面,学院侧重考核学生在各自专业领域的知识掌握和应用能力,通过系统的课程设置和严格的教学管理,确保学生能够深入理解并运用专业知识。在应用创新方面,学校旨在培养学生的创新思维。主要通过项目驱动的教学模式和丰富的课外科技竞赛,让学生能够在实际项目中锻炼自己的创新能力,激发他们的创造潜能。在协作整合方面,学校设置的课程强调团队合作和跨学科整合能力,主要依托各种团队项目和跨学科课程,培养学生的团队合作精神和综合运用多学科知识解决问题的能力。在社会责任方面,学校通过开展形式多样的社会实践和志愿服务活动,增强学生的责任意识和服务意识。在这个人才培养模式中,学生不仅能够将所学知识应用于社会实际问题,还能提升自己的社会责任感和道德修养。

此外,学院还积极推动第二课堂的"学分化""课程化""项目化",鼓励学生参与各类课外科技竞赛和创新实践项目,以激发学生的创新潜能。这些第二课堂活动不仅为学生提供了展示和锻炼自己能力的平台,使他们能够在竞争中学习、成长,还通过学分和课程的形式,确保学生在课外活动中的努力和成果能够得到评价和认可。通过参与这些活动，学生能够进一步提升自己的创新能力和综合素质，增强自身的社会竞争力，为未来的职业发展奠定坚实基础。

2013年，三明学院创新创业教育已实现本科专业的全覆盖。为了进一步提升创新创业教育的质量和效果，三明学院在修订人才培养方案时，特别强调了实践教学的重要性。学校明确提出，要将培养学生的创新意识、创新知识、创新素质、创新能力贯穿于本科教育的全过程。这一理念的提出，不仅凸显了学校对于创新创业价值观培育的深刻理解，也为学校的创新创业教育发展指明了方向。

综上所述，三明学院通过坚持思创融合、专创融合、科创融合、技创融合和产创融合等五大策略，打造了具有地方特色的三创人才培养模式。这种模式不仅培养了学生的创新创业能力和实践操作能力，也为地方经济社会发展提供了有力支撑。

四、全面整合资源，打造教育新高地

在当今快速发展的时代背景下，社会对人才的需求正在发生深刻变化，特别是对具有创新精神和创业能力的高素质人才的需求日益迫切。正是在这样的大环境下，创新创业能力的培养已经成为高等教育的重要任务之一，被视为推动社会进步和经济发展的关键动力。

作为一所深植于地方文化土壤的高校，三明学院不仅承载着传承知识、培养人才的使命，更有着服务地方、促进区域发展的责任。基于当下社会语境，三明学院将整合各方优势资源作为推动创新创业价值观培育的核心战略，以此作为实现三创教育腾飞的突破口。通过整合校内外优质资源，学校不仅提升了自身的教育水平和影响力，也为学生们提供了更加广阔的创新创业平台和实践机会。

第五章 大学生创新创业价值观培育的基本经验

三明学院在创新创业教育领域的深耕不辍，体现了其对教育资源优化的坚定承诺和远见卓识。学校与北京大学创业训练营、福建省汇众创新创业研究院等国内顶尖机构建立深度合作关系，成功搭建起一个高水平的创新创业教育平台。这些合作的成果不仅体现在为学院引进了先进的教育理念和丰富的教学资源上，更重要的是，为学生们提供了难得的学习和实践机会，极大地丰富了学生们的校园生活和专业学习。通过这些机会，学生们得以接触到创业的前沿知识，参与到真实的创业实践中，从而在实际操作中锻炼和提升自己的能力。

其中，学校与北京大学创业训练营的合作尤为突出。这是一个面向广大师生的创新创业能力提升计划，旨在为学生提供更加深入和实战化的创新创业培训。至今，学校已成功举办十余期北京大学创业训练营，吸引了众多学生参与其中，累计培训了近千名具有创新创业潜力的种子选手。在这些训练营中，学生们不仅能够系统学习创业理论知识，还能通过实际案例分析和项目实践，提升自己的创业能力和综合素质。训练营的课程设计涵盖了创业的各个方面，从商业模式设计、市场调研、产品开发，到财务管理、风险控制、团队建设等，全面提升学生的创业技能。

此外，训练营邀请了众多知名企业家、投资人和创业导师，为学生们提供一对一的指导和支持。这些导师不仅在课堂上分享他们的创业经验和成功案例，还通过小组讨论、项目评审等形式，与学生们进行深入交流，为学生们提供了沉浸式的学习体验，帮助他们更好地理解创业过程中的关键环节和挑战，在实践中锻炼自己的创新能力和创业技能。此外，还能够增强学生们的职业规划能力和市场敏锐性。导师们的实战经验和专业知识，为学生们提供了宝贵的借鉴和启示，使他们在面对创业难题时能够更加从容和自信。

　　学校还携手这些优质资源共同申报福建省三创师资培训基地，以高效的支持助力大学生创业者解决实际问题。通过建立三创师资培训基地，学院不仅提升了自身的师资力量和教学水平，也为全省范围内的创新创业价值观培育提供了有力的支持和保障。基地定期举办各类培训和交流活动，邀请国内外知名专家和学者前来有针对性地进行授课和指导，帮助教师们提升教学能力和科研水平。通过这些努力，学校不仅培养了一批高素质的创新创业教育师资队伍，也为学生们提供了更加优质的教育资源和学习环境。

　　作为福建省首批闽台高校联合培养人才项目学校，三明学院还依托闽台地区的独特地理和文化优势，稳步推进三创品牌建设，致力于激发区域发展的新活力和创造力。学校重视本土资源的开发，积极拓展与台湾地区的交流合作，通过资源共享和优势互补，为区域经济的转型升级提供了有力支撑。在具体实践中，学校充分整合了闽台两地的优势资源，引入先进的半导体芯片封装实验室，不仅提升了学校的科研实力，更为三明市的新业态发展注入了强劲动力。这一举措标志着学校在高新技术领域的深入探索，同时也为地方产业的转型升级提供了技术支持和人才储备。实验室的建设和运营，吸引了大批高素质的科研人员和技术专家前来工作和交流，推动了区域内半导体产业的快速发展。通过与地方企业的紧密合作，实验室还为地方企业提供技术支持和解决方案，提升了企业的技术水平和市场竞争力。

　　此外，三明学院还创立了国科创新研究院（三明），致力于打造一个高水平的科研和创新平台。这是一个集技术研发、成果转化、企业孵化于一体的综合性创新平台，汇聚了众多国内外知名专家和学者，开

第五章　大学生创新创业价值观培育的基本经验

展前沿科技研究和创新项目。通过这一平台，学校与地方产业的对接更加紧密，加速科技成果的转化应用，不仅提升了学校的科研实力和社会影响力，也为地方经济的发展提供了重要的智力支持和技术保障。

在三创品牌建设方面，学校还精心打造了"苏区青年三创园"与"海峡青创小镇"等品牌。这些项目旨在为青年创业者提供一个优质的创业环境，还提供包括资金支持、政策咨询、技术指导、市场拓展等在内的全面资源支持。

在"苏区青年三创园"内，学校为创业者提供了办公场地、创业资金、技术支持和市场推广等一系列服务，帮助他们解决创业过程中遇到的各种困难和问题。创业园内还定期举办各类创业培训和交流活动，邀请知名企业家和投资人前来分享经验和进行指导，帮助创业者提升创业能力和综合素质。学校通过这些平台，鼓励和引导青年学生积极投身于创新创业实践，培养他们的创新精神和创业能力。

"海峡青创小镇"则是一个集创业、生活和文化于一体的综合性创业社区。小镇内不仅有完善的创业配套设施，还有丰富的文化和生活服务，为创业者提供了一个舒适和谐的创业环境。小镇内的各类创业项目涵盖了科技、文化、农业等多个领域，许多项目已经取得了显著的经济效益和社会效益。

学校还积极为青年创业者提供展示自我、交流经验、拓宽视野的机会，带领学生参与各类创新创业大赛和博览会，如第三届国际创新创业博览会、全国大学生创业实训营、中国国际大学生创新大赛、"青年红色筑梦之旅"活动、"创青春"大赛等。这些活动不仅为学生提供了展示自我和锻炼能力的平台，也极大地增强了他们的创新意识和实践能力。在这些赛事中，学生们不仅能够接触到最新的创业理念和技术，还能与来自不同院校和行业的优秀创业者进行深度交流和学习。学院通过系统的培训和指导，帮助学生们在比赛中不断提升自己的项目质量和竞争力。无论是在项目策划、市场调研还是商业模式设计方面，学生们都得到了全方位的提升和锻炼。通过参与这些高水平的赛事和活动，多个学生团队在国内外的创新创业大赛中斩获殊荣，充分展现了学校在创新创业人才培养上的成效。

三明学院始终秉承贴近地方产业实际的发展理念，强调实战化应用的重要性，确立了"面向福建，优先服务三明"的发展定位。这一定位体现了学院对地方经济社会发展的高度重视和积极贡献。学校紧密结合核心产业，如机械制造、电子信息、生物医药、现代农业等，凸显地方性、应用性和实战化的特色，通过深入调研和精准对接，了解产业发展需求，优化专业设置和人才培养方案，为地方经济的蓬勃发展提供了坚实的人才支撑和智力支持。

学校还注重与地方政府、企业以及社会各界的合作，共同构建了一个开放、协同、共享的三创生态系统。这一生态系统的建立，为学校的创新创业价值观培育提供了强有力的社会支持，为青年创业者提供更加丰富、多元的支持和服务。

第一，在学校与地方政府密切合作层面，学校能争取政策支持和资金扶持。地方政府在政策制定、项目审批和资金拨付等方面给予了大力支持，为创新创业项目的顺利开展提供了坚实保障。政府还通过设立专项基金和奖学金，鼓励和支持青年创业者积极参与创新创业活动。

第二，在学校与企业建立合作方面，学校与地方龙头企业联合开展科研攻关和技术创新项目，为企业解决了大量实际问题，还通过技术合作、项目共建等方式，帮助学生将创意转化为实际产品。企业不仅为学生提供实习和就业机会,还定期组织学生到企业进行实习和实践,提升他们的职业素养和实践能力。企业专家和技术人员定期到学校开展讲座和培训,分享最新的行业动态和技术前沿,切实提升学生的专业知识和技能水平。此外,企业还通过设立创新创业基金,资助学生的创业项目,帮助他们解决资金短缺的问题。

第三,在学校与社会各界合作层面,学校通过整合社会资源,为青年创业者提供全方位的支持。学校与各类创业服务机构、投资机构和行业协会等建立了合作网络,为学生提供创业培训、项目孵化、市场推广等一系列服务。学校还定期举办各类创新创业活动和大赛,邀请知名企业家、投资人和创业导师前来指导和评审,帮助学生提升创业能力和项目质量。

综上所述,通过三创生态系统的构建和运行,三明学院已经成为地方创新创业人才培养的重要基地。学校通过整合优势资源、引入高端教育资源、打造三创品牌、展示三创成果、深化产教融合等举措,帮助大学生创业者将创意转化为实际产品,将创业梦想变为现实,成功打造了三创教育的新高地。

五、根植山区,服务绿色,助力乡村振兴

三明学院始终以服务地方发展为己任,致力于将自身的教育资源和科研优势转化为地方经济和社会发展的动力源泉,培养具有社会责任感和创新精神的人才。为了更好地实现这一目标,学校积极创新创业价值观培育模式,创建了村镇绿色发展学院,这不仅是服务地方经济的窗口,更是连接学校与社会的桥梁。

村镇绿色发展学院的成立,标志着三明学院在服务地方发展上迈出

了新的一步。学校以此为平台，积极与地方政府建立合作关系，精心挑选在绿色发展方面具有示范作用和发展潜力的乡镇作为合作的伙伴。通过这种合作，学校能够更深入地了解地方需求，更精准地对接地方资源，从而为学生提供更加贴近实际、富有实效的创新创业实训机会。

三明学院与地方政府采用"1＋1＋1＋N"的合作框架，即"一个专业团队＋一个党支部＋一个目标乡镇＋多元化的服务模式"。具体而言，"一个专业团队"指的是由学校相关专业的教师和研究人员组成的专家团队，他们在绿色发展、生态保护、农业科技等领域具有丰富的理论知识和实践经验。"一个党支部"则是学校的基层党组织，通过党支部的引领和示范作用，确保合作项目的顺利推进和实施。"一个目标乡镇"是指经过精心挑选的合作乡镇，这些乡镇具有良好的自然资源基础和发展潜力，适合作为绿色发展的示范点。"多元化的服务模式"则包括技术支持、人才培训、产业规划、市场对接等多种形式的服务，确保合作项目的全面覆盖和深入推进。

这一策略性布局将村镇的绿色发展需求与学校的教学资源、科研实力和创新创业平台紧密地联结起来。这种运作模式，不仅将合作村镇塑造为学校创新创业教育的现场教学基地，而且进一步转化为大学生绿色创业项目的灵感源泉和培育温床。学生们在真实的村镇环境中，通过参与实际项目，能够将课堂上学到的绿色创业知识应用于实践，提升自身的绿色产品创新能力和实践能力。同时，这种合作模式也为学校的科研工作提供了丰富的实践场景和研究素材。学校的教师和研究人员可以深入村镇中，开展实地调研，了解地方绿色产业发展存在的问题和实际需求，从而更有针对性地进行科研攻关，推动绿色发展理论和实践的创新。

第五章 大学生创新创业价值观培育的基本经验

三明学院积极倡导并鼓励广大学生深入基层与农村地域,通过参与社会实践与乡村振兴工作,以具体行动推动农村经济与社会的全面发展。学校通过多种渠道和途径,动员学生走出校园,深入农村的田间地头,与农民群众面对面交流,了解他们的实际需求和困难,帮助他们解决生产生活中的实际问题。学校与泰宁县下渠乡、永安市贡川镇、大田县建设镇等地的农民创业项目建立了紧密的合作关系,实现了创业项目的有效落地。这些合作项目涵盖了农业种植、养殖、农产品加工、乡村旅游等多个领域,通过技术指导、市场对接、资金支持等多种方式,帮助当地农民提升生产效益和收入水平。此种合作模式在促进地方经济稳步增长的同时,也为广大学生提供了宝贵的创业实践平台与真实的环境体验。学生们在这些项目中亲身参与,从项目策划到实施,从田间地头到市场分析,每一个环节都是他们学习和成长的过程,在此期间他们不仅学到了书本上学不到的知识和技能,还锻炼了自己的实践能力和创新精神,增强了对农村和农民的感情和责任感。

学校每年精心组织至少五个学生实践团队,深入与学校建立合作关系的乡镇,开展丰富多彩的"三下乡"社会实践活动。这些实践团队由不同专业背景的学生组成,他们带着各自的专业知识和技能,走进乡村的每一个角落,通过实地调研和交流,了解当地的自然环境、经济状况和社会文化。这些实践活动内容丰富,形式多样。一是深入田间地头的乡野调查,了解农作物生长情况和农民的生产需求。同时,聚焦于乡村的生态环境和资源利用情况,学生们通过实地考察和数据收集,分析乡村生态系统的现状和变化趋势,为乡村的生态保护和可持续发展提供科学依据。二是助力农民增收致富,通过入户走访和问卷调查,了解易致贫家庭的实际困难和需求,摸清易致贫原因,制定具有针对性的帮扶措施，提供技术支持和市场信息，帮助易致贫家庭拓宽增收渠道，进一步增强其内生动力。三是开展富有地方特色的"发现三明"活动，鼓励学生探索当地的历史文化、风土人情，挖掘地方特色资源，通过拍摄纪录片、撰写调研报告等形式，向外界展示三明的独特魅力，吸引更多的游客和投资者。四是创意十足的"设计丰收"活动，引导学生运用所学知识，结合当地的农业特色，设计创意农产品和品牌形象，为农产品的包装设计、品牌推广等提供新思路，提升农产品的附加值和市场竞争力。

此外，学校还会定期派遣一定数量的大学生创业团队或服务团队，前往现场进行为期不少于三个月的技术服务工作，以确保项目的持续性和实际效果。这些团队由不同专业的优秀学生和指导教师组成，他们带着先进的技术、理念和新时代的市场导向，深入合作乡镇的田间地头，手把手地教农民使用新技术、新设备，帮助他们解决生产中的实际问题。学生们在教师的指导下，参与到各个绿色创业项目的具体实施中，从项目调研、方案设计到技术应用、市场推广等各个环节，掌握绿色创业项目运作的全过程，积累宝贵的绿色创业经验和实践技能。在农产品加工方面，师生们会引入先进的加工设备和工艺，提升农产品的加工水平和附加值。在乡村旅游方面，师生们会帮助乡村规划旅游线路，设计特色旅游产品，提升乡村旅游的吸引力和服务水平。在服务期内，师生们与当地农民同吃同住，深入体验乡村生活，真正了解乡村的实际需求和所面临的挑战。通过这些活动，学生们不仅能够将理论知识应用于实践，提升自身的实践能力和创新能力，还能够培养社会责任感和团队协作精神，增强服务社会的意识。

为了保证项目的顺利进行和取得实效，学校会定期对实践活动进行

第五章　大学生创新创业价值观培育的基本经验

跟踪评估,及时总结经验,发现问题,并根据评估结果进行调整和优化。此外,学校还会与地方政府、企业和乡村社区建立长效合作机制,确保实践活动的持续开展和深入实施。

三明学院通过设立特色鲜明、功能齐全、布局科学的村镇绿色发展学院分院,巧妙整合乡镇现有资源,充分利用当地的自然条件和文化特色,旨在减少财政与硬件设施的投入,进而降低办学成本,提升教育服务的效率和质量。同时,结合三明市在城乡统筹、农民增收、基层建设、城镇化与产业发展等领域的显著成效与宝贵经验,学校与各分院通力合作,构建一系列农业龙头企业(产品)示范点、智慧旅游示范点、新农村建设和生态文明建设示范点、现代农业示范点等现场教学基地。这些基地成为学生们学习和实践的重要场所,他们可以在这里直观地了解和掌握现代农业技术、绿色生产方式、乡村旅游开发等知识。

每一个分院根据所在乡镇的资源禀赋和发展需求,制定个性化的发展规划和实施方案,确保每一个项目都能切实落地并取得实效。如此,通过实践与学习相结合的方式,引导大学生在创业过程中推动绿色发展理念的深入实施。通过一系列举措,三明学院培养了一批具有创新精神、实践能力和绿色发展意识的高素质人才,为地方经济社会发展注入了新的活力,也树立了产教融合、科创融合的新典范。

总之,三明学院通过创建村镇绿色发展学院,不仅加强了与地方政府的合作,推动了地方的绿色发展,更为师生提供了广阔的创新创业平台和实践机会,实现了学校发展与地方发展的双赢。这一举措充分展现了三明学院服务社会、推动地方发展的责任担当,也为学校的高质量发展奠定了坚实的基础。

第二节　大学生创新创业价值观培育成果借鉴

一、科技创新："三钢闽光"

2017年，三明学院与三钢集团携手共建了闽光学院，这一创新合作模式旨在深化双方在人才培养、科技研发等多元领域的协作，以推动产学研一体化进程。双方通过资源共享、优势互补，打造出了一个集人才培养、科学研究、技术开发和产业服务于一体的综合性平台。闽光学院不仅为学生提供了丰富的实践机会，还为企业注入了新鲜的科研力量。通过这种合作模式，三明学院能够更好地了解企业的实际需求，调整教学内容和科研方向，培养出更多适应市场需求的高素质人才。同时，三钢集团也能够利用学院的科研资源和技术优势，提升自身的创新能力和市场竞争力。

经过一系列的紧密合作，双方已经取得了显著的成果。学校成功为三钢集团研发出了国内首套基于机器视觉的大型砂轮片在线更换系统。传统的砂轮片更换方式效率低下，耗时费力，而新系统通过利用机器视觉技术，实现了砂轮片的自动识别和更换，大大提升了更换效率。据统计，新系统相较于传统方式节省了三分之二的时间，不仅提高了生产效率，还减少了人工成本和操作风险。经估算，此项创新每年可为三钢集团带来高达3.8亿元的效益增长。这一系统的研发和应用，标志着双方在科技创新领域合作的一个重要里程碑。

在合作过程中，三明学院特设了"三钢闽光智能装备项目驱动创新

第五章　大学生创新创业价值观培育的基本经验

班"。这一创新班级的设立,旨在通过实际项目驱动教学和科研,培养出具有创新精神和实践能力的优秀人才。创新班成员以大三、大四年级为主,组建与任务链匹配的学生团队。学校秉持公平、公正、公开的原则,跨专业、跨学院、跨学科遴选出具有潜力和才华的学生。严格的选拔程序确保了进入创新班的学生都是各个专业中的佼佼者。这样可以打破专业壁垒,实现交叉合作,最大限度激发学生的创新创造能力。在项目运行过程中,学校安排有丰富实践经验的资深教师担任项目负责人,与其他专业教师及业界技术人员跨界合作,形成校企混编教学团队,共同指导学生进行深入的创新研究。教师团队不仅在专业知识上给予指导,还在项目管理、团队合作和创新思维方面对学生进行全面培养。

在具体的项目实施过程中,师生共同制订详细的实施方案,确保每个环节都有明确的目标和计划。在整个过程中,师生之间进行深入的讨论与交流,碰撞出许多创新的火花。通过这种模式,学生们不仅在学术上获得了丰富的专业知识,更重要的是他们的思维能力和问题解决能力得到了实质性的锻炼和提升。通过参与实际项目,学生们学会了如何将理论知识应用于实践,如何在团队中协作解决问题,以及如何在面对挑战时保持创新思维和积极态度。

在毕业后,这些学生凭借在"三钢闽光智能装备项目驱动创新班"中积累的丰富实践经验和扎实的专业知识,迅速融入企业环境,不仅能够迅速适应工作岗位,而且对于工作内容也展现出极高的熟练度、专业素养和解决问题的能力,也为企业带来了新的活力和思路。他们不仅能够按照既定流程完成任务,还能在遇到问题时提出有效的解决方案,甚至在工作中发现新的改进点,推动企业的持续创新和发展。

这种快速适应能力得益于他们在校期间参与的实际项目,这些项目使他们在进入职场前就已经熟悉了企业的工作流程和技术标准。通常情况下,新员工需要经过一段时间的培训和适应才能完全胜任工作,而这些从创新班毕业的学生由于在校期间已经经历了类似的工作环境,因此能够立即上手。这种合作模式不仅提高了学生的就业竞争力,也为企业提供了源源不断的高素质人才,形成了良性循环。企业不再需要花费大量资源进行基础培训,而是可以直接利用这些具备实战经验的毕业生,迅速提升团队的整体工作效率和创新能力。

这一成功的产学研合作模式不仅彰显了三明学院在教学水平和科研实力方面的卓越成就,同时也为三钢集团带来了显著的经济效益。更重要的是,这一合作模式为其他高校和企业提供了宝贵的经验借鉴和范例参考,充分展示了通过实际项目驱动人才培养的巨大优势,以及产学研合作在推动人才培养和科技创新方面的巨大潜力和广阔前景。未来,随着合作的深入和模式的推广,这种模式必将为当地更多的企业和高校带来新的发展机遇和创新动力。

目前,三明学院面向区域支柱行业、特色产业与新业态的需求,构建与产业链对应的专业群,围绕新技术、新业态、新模式,设置氟新材料、生态旅游开发与管理、创新创业创造、大数据金融、美宁电子商务技术等项目驱动创新班,紧密对接区域产业需求,增加产业急需人才的供给。

二、绿色创业:"紫云·鸟生态"

三明学院紧密结合乡村振兴战略与福建地域文化特色,精心打造一系列乡村创业实践平台。这些平台不仅为学生提供了丰富的创业资源

第五章 大学生创新创业价值观培育的基本经验

和实践机会,还通过与地方经济和文化的深度融合,培养了学生的创新意识和创业能力。值得一提的是,获得 2019 年第五届中国"互联网+"大学生创新创业大赛银奖的"紫云·鸟生态"项目,其创始成员杨水清即毕业于三明学院。

在大学生创新创业教育的学习过程中,杨水清逐渐对创业产生了明确的想法和规划。在校期间,他不仅认真学习了专业课程,还积极参加各种创业培训和实践活动,广泛涉猎了农村观光产业、"互联网+生态品牌农业"等领域的知识。这些丰富的经历和实践经验,为他日后的创业之路提供了宝贵的经验和启示。

杨水清在校期间参加了农村观光产业项目,深刻理解了如何将生态资源转化为经济效益,并通过可持续发展理念促进农村经济发展。同时,他在大学生生态营的活动中,结识了许多志同道合的伙伴,拓展了人脉和视野,增强了团队合作和项目管理能力。此外,他对"互联网+生态品牌农业"的深入研究,使他认识到现代科技在传统农业中的巨大潜力和应用前景。在这些丰富的学习和实践经历的基础上,杨水清在创业过程中更加得心应手。他带领"紫云·鸟生态"团队,充分利用三明独特的生态资源,将观鸟产业与现代科技相结合,开发出了一系列具有创新性和市场竞争力的产品和服务。

杨水清是紫云村首位返乡创业的大学生,他凭借深厚的专业背景和丰富的实践经验,结合家乡丰富的鸟类资源,制定了切实可行的乡村发展策略。紫云村位于福建三明市明溪县,是全球三大鸟类迁徙路线之一的"东亚—澳大利亚"路线的关键节点,拥有 316 种鸟类,占全国总数的 24%。杨水清敏锐地发现了观鸟产业的巨大潜力。至 2018 年,中国观鸟摄影爱好者超过 205 万人,市场规模达 50.11 亿元。全国有

338个类似紫云村的"富鸟村"，但80％以上未开发，鸟类资源缺乏保护和专业指导。因此，观鸟产业具有巨大的潜力，可以为这些村庄带来新的经济机遇，同时也有助于保护鸟类资源。

自2017年起，杨水清立足紫云村，精心策划了乡村观鸟点的全面改造与振兴计划，创新性地推出了集观鸟、餐饮、住宿、交通于一体的生态观鸟产业新模式。在他的主导下，观鸟基地应运而生，为游客提供全方位的服务，包括交通接驳、食宿安排、专业向导等，同时提供鸟类观察指导与资源对接服务。依托生态观鸟旅游、乡村研学体验和特色生态农业三大支柱产业，他成功构建了完整的观鸟产业链，并树立了"紫云·鸟生态"的品牌形象。

杨水清在制定和实施这一计划时，充分考虑了紫云村的自然条件和资源优势。他通过对村内鸟类栖息地的科学评估和保护，确保了生态环境的可持续发展。同时，他还引入了先进的生态旅游理念，结合现代科技手段，打造了多个观鸟平台和观鸟小径，使游客能够近距离、安全地观赏和拍摄鸟类。为了提升游客的体验，杨水清还组织策划鸟类知识讲座和观鸟摄影比赛，吸引了大量观鸟爱好者和摄影师前来紫云村。

开发观鸟村后，他进一步挖掘本地特色资源，投入有机农产品、全域旅游和研学基地等产业链的开发中。在餐饮和住宿方面，杨水清注重本地特色和生态环保。餐饮方面，他与当地农户合作，开发了一系列以本地食材为主的生态餐饮项目。一方面，推广"自然农法"生产"云海人家生态原生米"，对接有机食品消费者；另一方面，众筹制茶，利用荒废茶资源，将其加工后投入市场，效益显著，带动11个乡村农民参与，开发研学课程。如此一来，既满足了游客的味蕾，又推动了本地农产品的销售。住宿方面,他改造了多处农家院落,打造了舒适且具有乡村特色的民宿,让游客在观鸟之余,能够体验到纯正的乡村生活。

此外,杨水清还开发三明红色旅游资源,与三明学院合作,对接阿拉善SEE基金会(企业家环保基金会),开展生态课堂,开发研学产品。截至2019年11月,已举办115期生态讲解营,吸引近5000人次师生参与。

为了确保观鸟产业的可持续发展,杨水清还积极带动村民参与到产业链中来。他组织了多次培训,帮助村民掌握观鸟导览、生态农业等技能,提高了他们的就业能力和收入水平。同时,他还与多家生态保护组织和科研机构建立合作,开展鸟类资源的长期监测和保护工作,确保紫云村的生态环境得到有效保护。

杨水清的努力不仅推动了当地经济的稳步增长,也为乡村振兴注入了新的动力。紫云村逐渐成为全国知名的观鸟胜地,吸引了大量游客和投资者的关注。村民们的生活水平显著提高,村庄的基础设施也得到了极大改善。"紫云·鸟生态"项目以观鸟为基础,加上延伸产业,项目开展以来,服务的12个乡村累计接待了全球23个国家超过50000人次的游客。此地的绿水青山,真的成了金山银山。更重要的是,这一项目为全国其他"富鸟村"提供了宝贵的经验和示范。

在杨水清的带领下,"紫云·鸟生态"团队不断发展壮大,逐步形成了以观鸟产业为核心的生态产业链。团队不仅取得了显著的市场效益,还积极参与地方生态保护和社区建设,推动了生态文明建设和乡村振兴战略的实施。杨水清和他的团队通过实际行动,展示了大学生创业的无限可能和巨大潜力,为更多有志于创新创业的青年树立了榜样。

三明学院通过"紫云·鸟生态"项目的成功案例，进一步验证了其在大学生创新创业价值观培育方面的有效性和前瞻性。学校将深化产学研合作，结合国家战略和地方特色，为学生提供更多优质的创新创业实践平台，培养出更多具有社会责任感和创新能力的优秀人才。

参考文献

一、专著

[1]马克思,恩格斯.马克思恩格斯文集:第1卷[M].北京:人民出版社,2009.

[2]马克思,恩格斯.马克思恩格斯文集:第5卷[M].北京:人民出版社,2009.

[3]马克思,恩格斯.马克思恩格斯文集:第9卷[M].北京:人民出版社,2009.

[4]马克思,恩格斯.马克思恩格斯全集:第1卷[M].2版.北京:人民出版社,1995.

[5]马克思,恩格斯.马克思恩格斯全集:第3卷[M].2版.北京:人民出版社,2002.

[6]马克思,恩格斯.马克思恩格斯全集:第35卷[M].北京:人民出版社,1971.

[7]马克思,恩格斯.马克思恩格斯选集:第1卷[M].北京:人民出版社,2012.

[8]马克思,恩格斯.马克思恩格斯选集:第3卷[M].北京:人民出版社,2012.

[9]中共中央文献研究室.毛泽东文集:第8卷[M].北京:人民出版

社,1999.

[10]中共中央文献研究室.习近平关于社会主义文化建设论述摘编[M].北京:中央文献出版社,2017.

[11]中共中央党史和文献研究院,中央学习贯彻习近平新时代中国特色社会主义思想主题教育领导小组办公室.习近平新时代中国特色社会主义思想专题摘编[M].北京:中央文献出版社,2023.

[12]习近平.高举中国特色社会主义伟大旗帜 为全面建设社会主义现代化国家而团结奋斗:在中国共产党第二十次全国代表大会上的报告[M].北京:人民出版社,2022.

[13]本书编写组.中国共产党第十九次全国代表大会文件汇编[M].北京:人民出版社,2017.

[14]张学礼,李景元,耿建明.廊坊市域经济与产业集群延伸研究:廊坊市应用经济学会第二届年会征文选编[M].北京:中国经济出版社,2008.

[15]李潇君.美国社会科课程中的价值观教育研究[M].北京:商务印书馆,2021.

[16]袁贵仁.价值学引论[M].北京:北京师范大学出版社,1991.

[17]袁贵仁.价值观的理论与实践:价值观若干问题的思考[M].北京:北京师范大学出版社,2013.

[18]赵中建.全球教育发展的研究热点:90年代来自联合国教科文组织的报告[M].北京:教育科学出版社,2003.

[19]毛鹏飞,余少军,余金保.扬帆起航:大学生就业指导[M].上海:上海交通大学出版社,2022.

[20]龚敏,傅成华.理工院校教育教学改革与实践[M].成都:西南交

通大学出版社,2011.

[21]许全兴.毛泽东与孔夫子[M].北京:人民出版社,2020.

[22]陈春晓.高校创业教育引论:应用型院校创业教育对策研究[M].北京:北京邮电大学出版社,2018.

[23]王占仁.中国创新创业教育史[M].北京:社会科学文献出版社,2016.

[24]杨清.新时代青年教育理论与实践[M].南昌:江西高校出版社,2023.

[25]渠长根.红色文化概论[M].北京:红旗出版社,2017.

[26]尚久荻,地方红色文化资源保护与旅游发展研究[M].北京:北京工业大学出版社,2021.

[27]杨杰.文化渗透视角下高校思政教学探究[M].长春:吉林大学出版社,2023.

[28]铁铮.绿色传播论[M].北京:光明日报出版社,2014.

[29]许勋恩.美丽中国视角下大学生绿色教育[M].厦门:厦门大学出版社,2024.

[30]许勋恩.创业基础[M].厦门:厦门大学出版社,2017.

[31]赵杨.创新创业实践与应用型高校人才培养研究[M].北京:中国纺织出版社,2022.

[32]李娟.全媒体环境下高校思政教育改革创新研究[M].北京:北京工业大学出版社,2020.

[33]罗国杰.马克思主义价值观研究[M].北京:人民出版社,2013.

[34]韩延明.红色文化与社会主义核心价值体系建设研究[M].北京:人民出版社,2013.

[35]马静.红色文化教育理论与实践研究[M].天津:南开大学出版社,2015.

[36]石海兵.青年价值观教育研究[M].合肥:安徽人民出版社,2007.

[37]孙杰.当代中国社会主义核心价值观研究[M].北京:人民出版社,2016.

[38]王铁.就业 创业 成功:大学生就业指导[M].北京:北京交通大学出版社,2006.

[39]徐建军.大学生思想政治教育前沿[M].长沙:湖南人民出版社,2009.

[40]王建南.福建红色文化读本:大学版[M].福州:福建人民出版社,2020.

[41]孔洁珺.大学生创业价值观教育研究[M].北京:中国人民大学出版社,2021.

[42]盛红梅.新时代大学生创新创业价值观研究[M].北京:九州出版社,2023.

二、期刊

[1]习近平.培养德智体美劳全面发展的社会主义建设者和接班人[J].中国共青团,2024(17).

[2]和学新,张利钧.关于创新及创新人才标准的探讨[J].上海教育科研,2007(11).

[3]姜长云.新质生产力的内涵要义、发展要求和发展重点[J].西部论坛,2024(2).

[4]林红.斜杠青年的个体发展路径分析[J].青年研究,2022(4).

[5]王敏,王滨.遮蔽与解蔽:突破大学生创业价值观的教育困境[J].重庆科技学院学报(社会科学版),2019(3).

[6]李颖,豆颖康.社会主义核心价值观引领高校创新创业教育的思考[J].河北农业大学学报(社会科学版),2022(2).

[7]王家颖.绿色创业:应用型高校创业教育新探索[J].三明学院学报,2024(5).

[8]王家颖.应用型本科高校创业教师专业发展探究[J].三明学院学报,2023(1).

[9]邱文伟.略论大学生创业价值观的概念、特征及建构诉求[J].创新与创业教育,2017(3).

[10]王占仁,孔洁珺.中国高校创新创业价值观教育研究[J].国家教育行政学院学报,2019(10).

[11]王占仁.创新创业教育与大学生社会责任感培养[J].高校辅导员,2018(1).

[12]吴向东.论价值观的形成与选择[J].哲学研究,2008(5).

[13]翁乾明.福建海洋文化的特质及其弘扬:以曹德旺先生与德旺中学为例[J].福建基础教育研究,2020(8).

[14]樊凯.新时代大学生创业价值观研究[J].质量与市场,2021(21).

[15]龚政.新质生产力赋能乡村振兴的理论逻辑、现实挑战与发展路径[J].当代农村财经,2024(4).

[16]韩会平.创业教育对大学生就业竞争力的影响分析[J].科教文汇,2024(6).

[17]侯倩,李涛,刘中合."重叠共识"视阈下大学生创业价值观教育探究[J].高教学刊,2021(25).

[18]李功清.大学生非功利性创业价值观培育的路径研究:基于高校思政教育[J].佳木斯大学社会科学学报,2023(1).

[19]李志兵,王延光.大学生创业价值观培育略论[J].学校党建与思想教育,2019(1).

[20]张君诚,兰明尚,赖祥亮,等.项目驱动创新班:应用型大学教学组织形式创新:兼论"五位一体"应用型人才培养模式[J].高等工程教育研究,2022(3).

[21]李祖妹.海洋意识培养初探:以福州海洋文化研学旅行为例[J].福建基础教育研究,2020(4).

[22]林娟.《闽都别记》中的海洋文化[J].鲁东大学学报(哲学社会科学版),2020(2).

[23]林晓丹.当代大学生创业价值观的生成机制[J].黑龙江教育(理论与实践),2021(8).

[24]刘海滨.大学生创业价值观转变的影响因素研究[J].思想政治教育研究,2019(1).

[25]刘晓扬,范炜烽.中国企业家精神研究的发展脉络与趋势:基于文本分析的视角[J].现代经济探讨,2022(5).

[26]穆标."三全育人"理念融入江苏高校大学生创新创业教育的实践路径探索[J].中国就业,2024(3).

[27]王静,姚嘉.融媒体视域下高校大学生创新创业价值观现状调研[J].黑龙江科学,2024(1).

[28]王黎莉,高静.大学生创业价值观教育路径研究:基于对山东部分高校的调查[J].烟台职业学院学报,2021(3).

[29]王婷.认知视角下设计专业大学生创业路径探析[J].中国轻工教

育,2021(4).

[30]苏文菁.福建海洋文化的意义与价值[J].海峡通讯,2023(5).

[31]吴卫.试论福建史前海洋文化的发展脉络及内涵[J].文物春秋,2020(6).

[32]徐爱芳."互联网+"时代大学生创新创业能力提升策略[J].产业创新研究,2024(5).

[33]郑舒心.高职院校大学生创新创业价值观现状及存在问题分析[J].才智,2023(35).

[34]周琪.大学生教育中的创业教育与实践[J].现代职业教育,2024(9).

[35]朱文静,房玉上,刘媛,等.大学生的创业意向及与创业价值观、创业自我效能感的联系:性别的调节效应[J].心理研究,2021(4).

[36]赵君尧.船政文化产生与福建海洋文化渊源[J].职大学报,2006(1).

[37]车生泉.绿色文化探析[J].环境导报,1998(4).

[38]刘大可,庄恒恺,陈佳.精神谱系:中国共产党精神的福建篇章[J].中共福建省委党校(福建行政学院)学报,2021(5).

三、学位论文

[1]郭安宁.大学生诚信问题研究[D].沈阳:辽宁大学,2017.

[2]蔡继璇.大学生马克思主义公正观培育研究[D].西安:西安石油大学,2023.

[3]刘绍云.数字时代青年家国情怀培育研究[D].长沙:湖南大学,2023.

[4]王淑娉.新时代大学生奋斗精神培育机制研究[D].长春:东北师范大学,2022.

[5]赵聪.新时代大学生家国情怀培育研究[D].长春:东北师范大学,2024.

[6]孙建伟.新时代大学生创新精神培育现状及优化策略研究[D].长春:东北师范大学,2023.

[7]卢深勤.新时代大学生创新精神培育研究[D].桂林:广西师范大学,2023.

[8]李明珠.新时代大学生爱国主义教育研究[D].北京:中国矿业大学,2022.

[9]陈乙华.新时代大学生创业价值观培育研究[D].南京:东南大学,2022.

[10]陈昊.在线教育背景下大学生创新创业教育有效性研究[D].重庆:重庆交通大学,2014.

[11]翁莉迎.大学生创新创业教育成效研究[D].广州:华南理工大学,2022.

[12]胡鑫.乡村振兴战略人才支撑体系建设研究[D].长春:吉林大学,2021:43.

[13]杨宇鹏.大学生创业价值观形成与高校创业教育路径研究[D].杭州:浙江大学,2022.

[14]朱春楠.大学生创业价值观教育研究[D].长春:东北师范大学,2017.

[15]李涛.新时代大学生创业价值观冲突研究[D].芜湖:安徽师范大学,2017.

[16]林文伟.大学创业教育价值研究[D].上海:华东师范大学,2011.

[17]王艺昊.当代大学生创新创业思想教育研究[D].重庆:重庆交通大学,2019.

[18]林巧仙.海洋文化助推福建文化强省建设研究[D].福州:福建农林大学,2015.

[19]杨夏萍.福建海丝文化在初中"道德与法治"课教学中的应用研究[D].信阳:信阳师范学院,2023.

[20]王艺璇.海洋文化视角下峰尾古城整体性空间保护策略研究[D].泉州:华侨大学,2023.

四、会议论文

[1]张思奇.当代大学生创业价值观变迁的影响因素与应对策略[C]//广东省教师继续教育学会.广东省教师继续教育学会第一届教学与管理研讨会论文集(三),2023.

五、报纸

[1]习近平.习近平在中共中央政治局第十一次集体学习时强调 加快发展新质生产力扎实推进高质量发展[N].人民日报,2024-02-02(1).

[2]习近平.习近平在中共中央政治局第三十八次集体学习时强调 依法规范和引导我国资本健康发展 发挥资本作为重要生产要素的积极作用[N].人民日报,2022-05-01(1).

[3]习近平.习近平在参观《复兴之路》展览时强调 承前启后 继往开来 继续朝着中华民族伟大复兴目标奋勇前进[N].光明日报,2012-11-30(1).

[4]习近平.在第十三届全国人民代表大会第一次会议上的讲话[N].人民日报,2018-03-21(2).

[5]习近平.在纪念五四运动100周年大会上的讲话[N].人民日报,2019-05-01(2).

[6]习近平.习近平致全国青联十二届全委会和全国学联二十六大的贺信[N].人民日报,2015-07-25(1).

[7]习近平.在庆祝中国共产党成立100周年大会上的讲话[N].光明日报,2021-07-02(2).

[8]习近平.习近平考察香港科学园[N].人民日报,2022-07-01(1).

[9]习近平.在会见第一届全国文明家庭代表时的讲话[N].光明日报,2016-12-16(2).

[10]习近平.在2018年春节团拜会上的讲话[N].人民日报,2018-02-15(2).

[11]习近平.在2019年春节团拜会上的讲话[N].人民日报,2019-02-04(1).

[12]齐芳.为大众创业万众创新搭好科技平台:全国政协副主席、致公党中央主席、科技部部长万钢答记者问[N].光明日报,2015-03-12(3).

[13]刘晓宇,余荣华.福建不断健全绿色制造体系:产业向绿　生态向美[N].人民日报,2024-08-15(1).

六、网络文献

[1]习近平.习近平回信勉励第三届中国"互联网＋"大学生创新创业大赛"青年红色筑梦之旅"的大学生[EB/OL].(2017-08-16)[2024-12-30].https://www.gov.cn/guowuyuan/2017/08/16/content_5217972.htm.

[2]习近平.习近平致2013年全球创业周中国站活动组委会贺信[EB/OL].（2013-11-8）[2024-12-30].https://www.gov.cn/ldhd/2013-11/08/content_2524400.htm.

[3]教育部.关于大力推进高等学校创新创业教育和大学生自主创业工作的意见[EB/OL].（2010-05-13）[2024-05-04].http://www.moe.gov.cn/srcsite/A08/s5672/201005/t20100513_120174.html.

[4]国务院办公厅.关于深化高等学校创新创业教育改革的实施意见[EB/OL].（2015-05-13）[2024-05-04].https://www.gov.cn/zhengce/zhengceku/2015-05/13/content_9740.htm.

[5]国务院.关于推动创新创业高质量发展 打造"双创"升级版的意见[EB/OL].（2018-09-26）[2024-05-04].https://www.gov.cn/zhengce/zhengceku/2018-09/26/content_5325472.htm.

[6]国务院办公厅.关于进一步支持大学生创新创业的指导意见[EB/OL].（2021-10-12）[2024-07-15].https://www.gov.cn/zhengce/zhengceku/2021-10/12/content_5642037.htm.

[7]中共中央办公厅.关于培育和践行社会主义核心价值观的意见[EB/OL].（2013-12-23）[2024-07-15].https://www.gov.cn/zhengce/202203/content_3635148.htm.

[8]中共中央办公厅,国务院办公厅.关于进一步加强和改进新形势下高校宣传思想工作的意见[EB/OL].（2015-01-19）[2024-06-21].https://www.gov.cn/xinwen/2015-01/19/content_2806397.htm.

[9]中央宣传部,教育部.普通高校思想政治理论课建设体系创新计划[EB/OL].（2015-07-30）[2024-06-21].http://www.moe.gov.cn/srcsite/A13/moe_772/201508/t20150811_199379.html.

[10]教育部.高等学校课程思政建设指导纲要[EB/OL].(2020-05-28)[2024-06-21].https://www.gov.cn/zhengce/zhengceku/2020-06/06/content_5517606.htm.

[11]中共中央,国务院.关于加快经济社会发展全面绿色转型的意见[EB/OL].(2024-08-11)[2024-08-24].https://www.gov.cn/gongbao/2024/issue_11546/202408/content_6970974.html.

[12]福建省人民政府办公厅.福建省进一步支持大学生创新创业若干措施[EB/OL].(2023-01-04)[2024-05-04].https://www.fujian.gov.cn/zwgk/zfxxgk/szfwj/jgzz/xzgfxwj/202301/t20230112_6093638.htm.

[13]冯继康.习近平文化思想对中华优秀传统文化的传承创新[EB/OL].(2024-04-12)[2024-08-19].http://www.qstheory.cn/2024-04/12/c_1130108095.htm.

[14]森林康养,福建绿色经济新引擎[EB/OL].(2024-01-19)[2024-08-19].https://www.forestry.gov.cn/search/542918.

[15][学习强国]福建探索|三明学院创新创业创造教育发展纪实[EB/OL].(2021-01-12)[2024-04-18].https://www.fjsmu.edu.cn/2021/0112/c20a105433/page.htm.

[16]三明学院:创新协同　开放绿色　投身创业新时代[EB/OL].(2018-01-02)[2024-06-27].http://news.cyol.com/yuanchuang/2018-01/02/content_16830548.htm.

[17]三明学院:以"双创"教育培育"致用"新人才[EB/OL].(2018-12-20)[2024-04-18].http://zqb.cyol.com/html/2018-12/20/nw.D110000zgqnb_20181220_6-01.htm.

[18]杨水清:"鸟富"带"村富",返乡创业大学生的春晖情怀[EB/OL].（2019-11-30）[2024-06-27]. http://www. fjsmu. edu. cn/2019/1130/c1a89311/page.psp.

[19]中国传媒大学:2021中国大学生创业报告[EB/OL].(2022-04-03)[2024-11-23].https://www.sohu.com/a/535066295_483389.

[20]红色标语:福建革命历史的独特印记[EB/OL].(2024-01-12)[2024-11-21].http://wwj.wlt.fujian.gov.cn/xwzx/wbyw/202401/t20240116_6381221.htm.

后　记

在本书即将出版之际，我不禁感慨，这段研究之旅，如同一幅精妙的画卷，逐渐勾勒出新时代大学生创新创业价值观培育的路径。在这个探索过程中，我意识到，大学生创新创业价值观的培养不应仅仅依赖于课堂教学的灌输。与其将创新创业元素局限于书本，不如将其融入校园的每一个角落，渗透至校园文化的精髓，与莘莘学子的文化理念相互交融。我们的目标是，让创新创业精神融入新时代大学生的日常生活，在教育过程中潜移默化地形成一种崇尚创新、包容失败、坚定信仰的文化氛围，以此传递、传播并持续创造创业文化。

福建是习近平新时代中国特色社会主义思想的重要孕育地和实践地。福建多山濒海，历史悠久，孕育形成了独特的文化和传统，铸就了"爱国爱乡、海纳百川、乐善好施、敢拼会赢"的福建精神。海洋文化、红色文化、绿色文化、闽南文化、客家文化交相辉映，赋予福建浓厚的地方特色和深厚的历史底蕴。爱拼敢赢、勤劳勇敢的福建人民，乘着改革开放的春风，用自己的双手把一个相对落后的省份变成了经济蓬勃发展、人民安居乐业、对外交往密切的有"福"之地。产业结构持续优化，人民生活水平大幅提高，生态环境质量保持全优，福建走出了一条高质量发展之路。

文化与精神具有引导、感染和影响的重大作用，倚赖于一种无声的传

后　记

递机制。在新时代大学生创新创业价值观培育中,我们追求的是在学生心灵深处种下一颗种子,通过共鸣与共识,让创新创业精神成为他们情感与认知的一部分。然而,这并非一种主观的预设,而是一种自然而然的沟通,我们必须尊重学生的感受,从他们的视角出发,找到能够引发共鸣的情境与事件,让他们在不知不觉间被创新创业精神温暖、感染。本书遵循思想政治教育"因事而化、因时而进、因势而新"的理念,将福建独特的地域文化融入新时代大学生创新创业价值观培育,书写新时代创新创业教育"为何培养人,培养什么人,怎样培养人"的福建答卷,以爱国爱乡、海纳百川、乐善好施、敢拼会赢的福建精神赋能新质生产力发展和中国式现代化建设。

　　我坚信,新时代大学生创新创业价值观培育的真正价值在于培养学生的创新意识、独立思考的能力和社会责任感。这需要一种全方位的文化感染与教化,需要一种将创新创业精神融入校园生活的智慧。我衷心希望,本书所探讨的新时代大学生创新创业价值观培育之路,能够培养出更有活力、更有担当的大学生,为新时代创新创业文化的传播与发展,贡献一份微薄的力量。

2025 年 3 月